까막의 감성
인테리어
손뜨개

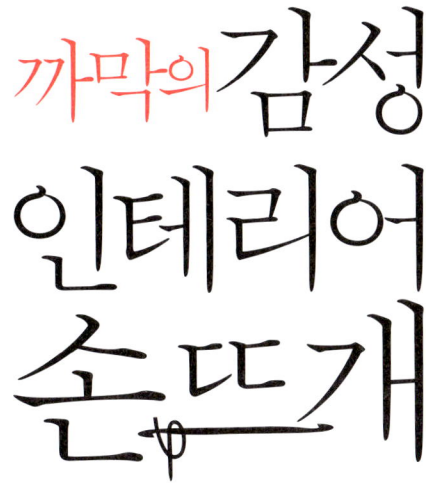

까막의 감성 인테리어 손뜨개

오태윤 지음

팜파스

PROLOGUE

어느 날 퇴근길에 손뜨개 책을 한 권 사게 되었습니다. 그리고 동네에 있는 털실 가게에서 털실 두 뭉치를 사면서 손뜨개를 시작하게 되었습니다. 책을 보면서 떴다 풀기를 반복하는 나날이 계속되던 중, 드디어 원하는 모양새가 갖춰졌을 때의 만족감은 그 어떤 감정과도 비교할 수 없었죠. 저처럼 혼자 손뜨기에 도전하는 분들에게 시행착오를 줄일 수 있도록 그리고 새로운 소재와 형태의 손뜨개에 도전하고자 스스로 작품을 스케치하며 느꼈던 행복감을 여러분들에게도 전해드리고 싶은 마음에 이 책을 만들어내게 되었습니다. 손뜨개를 하다보면 어느새 평온해지던 그 모든 순간과 감정들을 여러분들의 도움으로 조금이나마 보여드릴 수 있게 되어 이 글을 쓰는 지금도 참 행복합니다. 무엇보다 손뜨개가 갖고 있는 편견과 틀에서 벗어나 무한한 가능성과 다양한 활용법을 조금이나마 알려드릴 수 있다면 제가 할 수 있는 가장 큰 몫을 하는게 아닐까 싶습니다.

직장생활에 손뜨개를 병행하며 몸 상할까 걱정해주시는 부모님, 조건 없이 믿고 지지해주는 룸메이트, 항상 격려해주는 친구들, 나 자신을 잃지 않게 만들어주시는 회사 동료들, 그리고 팜파스 출판사 가족분들 모두에게 감사드립니다.

많이 부족하지만 이 책을 통해 조금이나마 손뜨개의 재미와 행복을 나눠가졌으면 하는 바람입니다.

오태윤

CONTENTS

PROLOGUE — 4

 **BASIC 01** 도구와 재료

실 — 8
코바늘 — 8
돗바늘 — 8
단수표시링 — 8

BASIC 02 코바늘 뜨기 기초 설명

실 감는 법 — 9
코바늘 쥐는 법 — 9
실 컬러 바꾸는 법 — 9
원형뜨기로 시작하기 — 10
원형뜨기(사슬뜨기)로 시작하기 — 10
다른 단끼리 잇기 — 11
코바늘 뜨기 기초 설명 — 11

BASIC 03 뜨기 기호와 뜨는 법

사슬뜨기 — 12
빼뜨기 — 12
짧은뜨기 — 13
긴뜨기 — 13
한길긴뜨기 — 13
두길긴뜨기 — 14
한 코에 짧은뜨기 2개 — 14
한 코에 한길긴뜨기 2개 — 14
짧은뜨기 2코 모아뜨기 — 15
한길긴뜨기 2코 모아뜨기 — 15
한길긴뜨기 2코 구슬뜨기 — 15
한길긴뜨기 3코 구슬뜨기 — 16
한길긴뜨기 4코 팝콘뜨기 — 16
사슬 3코 피코뜨기 — 16
앞걸어뜨기 — 17
뒤걸어뜨기 — 17

 WORKS 손뜨개 작품 만들기

01 구름모빌 — 20
02 마카롱 — 24
03 사과 & 사과나무 — 28
04 머핀 — 34
05 하트 모양 가랜드 — 38
06 별 모양 가랜드 — 40
07 와이어 & 손뜨개 나무 소품 — 44
08 전구 재활용 열기구 — 48
09 3단 나무 쿠션 — 52
10 손뜨개 액자 — 58
11 참치캔 재활용 모빌 — 60
12 원목 & 손뜨개 액자 — 64
13 손뜨개 화병 — 69
14 원형 스탠드 커버 — 72
15 깔때기 재활용 조명 — 77
16 크리스마스 오너먼트_눈사람 — 82
17 크리스마스 오너먼트_루돌프 — 88
18 크리스마스 오너먼트_트리 — 92
19 일회용컵 & 와인 잔 캔들 홀더 — 96
20 꽃사슴뿔 원목 액자 — 100
21 모티브 바늘꽂이 — 104
22 토끼 인형 — 108
23 사과모양 파우치 — 116
24 모자 모양 컵뚜껑 — 122
25 원형 쿠션 커버 — 128
26 손뜨개 & 패브릭 쿠션 커버 — 132
27 모티브 냄비받침 3종 — 144
28 고깔모자 소품함 — 148
29 카메라 스트랩 — 152
30 책갈피 _ 사과, 딸기 — 154
31 와인 보틀 홀더 — 159
32 일회용컵 재활용 소품함 커버 — 162
33 머그컵 홀더 — 164
34 부엉이 벙어리장갑 — 166

도구와 재료

실

실은 다양한 두께와 질감, 컬러가 있으니 만들고자 하는 작업물에
맞는 뜨개실을 선택합니다.

코바늘

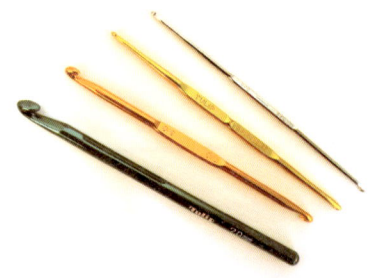

실의 두께에 따라 맞는 호수의 코바늘을 선택하여 손뜨개합니다.
같은 도안이라도 실의 굵기와 코바늘 호수에 따라 사이즈가 달라
집니다.

돗바늘

돗바늘은 일반 바늘보다 두껍고 바늘구멍이 커서 코바늘용 실을
사용하기에 적합합니다. 모티브끼리 연결하거나, 앞ㆍ뒷면의 연결
등 손뜨개 작업물끼리 연결할 때 사용합니다.

단수표시링

단수표시링은 원형뜨기를 할 때 단이 시작되는 지점에 끼워놓으면
그 단이 시작되는 지점을 찾기 쉽게 도와줍니다.

실 감는 법

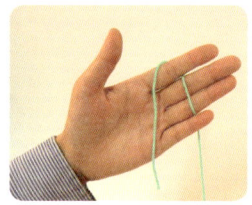 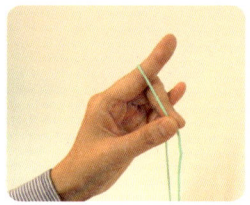 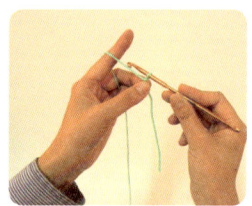 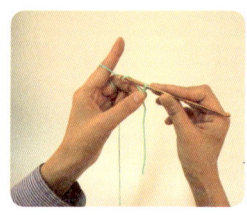

1 왼쪽 손을 기준으로 검지에 실끝이 앞쪽으로 오는 방향으로 걸어준 다음, 중지와 약지를 거쳐 새끼손가락 뒤쪽으로 실을 넘겨줍니다.

2 달걀 하나를 쥔 듯이 주먹을 쥐어준 상태에서 엄지와 중지로 실을 잡습니다. 이때 약지와 새끼손가락 실을 살짝 쥐어줍니다.

3 사진과 같이 코바늘을 실에 걸고 돌려줍니다.

4 바늘에 실을 걸어 엄지와 중지로 쥐고 있는 원을 통해 빼면 사슬뜨기가 하나 완성됩니다.

코바늘 쥐는 법

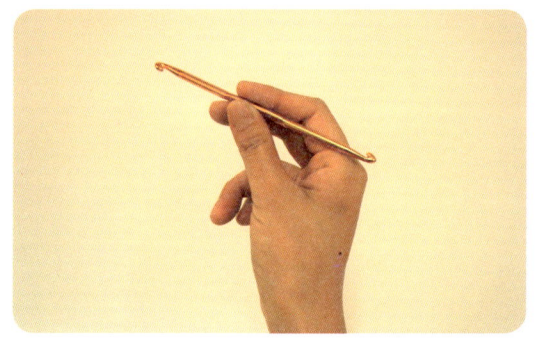

코바늘의 1/3 지점을 엄지와 검지로 집고, 중지는 코바늘을 살짝 받쳐줍니다. 이때 나머지 손가락은 살짝 구부려 주먹을 쥐어줍니다.

실 컬러 바꾸는 법

한길긴뜨기의 경우 마지막 단계 전에서 멈춘 뒤 다른 컬러의 실을 걸어 빼줍니다(짧은뜨기, 긴뜨기, 두길긴뜨기의 경우도 동일하게 마지막 단계 전에서 다른 컬러의 실을 빼줍니다). 바뀐 컬러의 실로 계속 떠줍니다.

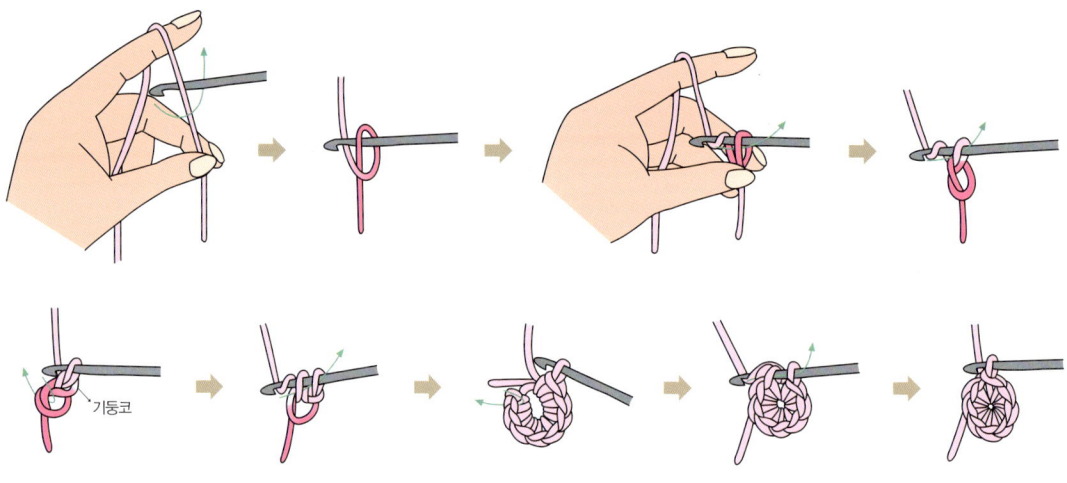

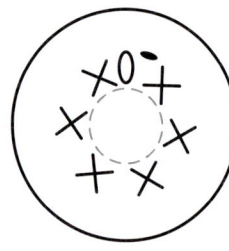

기둥코

- 실로 동그란 원형을 만든 뒤, 원 안에 바늘을 넣습니다.
- 실을 걸어 원 밖으로 빼줍니다.
- 사슬뜨기를 1코 떠줍니다(이 사슬코는 기둥코가 됩니다).
- 바늘을 다시 원 안으로 넣고 실을 걸어 빼줍니다.
- 짧은뜨기를 합니다.
- 맨 처음 만들었던 기둥코에 빼뜨기를 해줍니다(짧은뜨기로 원형뜨기를 시작할 경우 기둥코가 잘 보이지 않는 경우가 많으므로 첫 번째 코에 빼뜨기 하고 2단은 빼뜨기한 첫 번째 코에 또 다시 코를 뜨며 시작하기도 합니다).

원형뜨기(사슬뜨기)로 시작하기

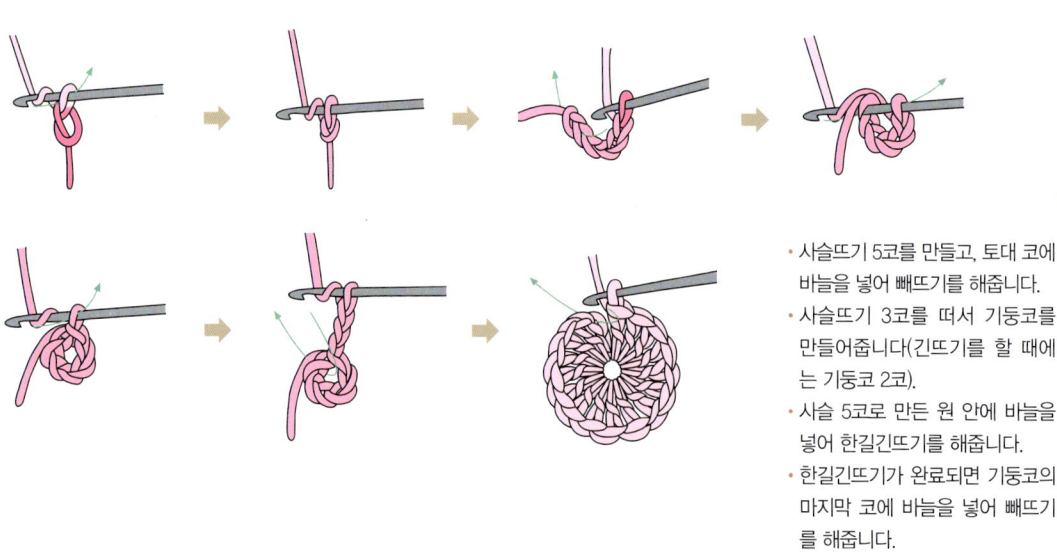

- 사슬뜨기 5코를 만들고, 토대 코에 바늘을 넣어 빼뜨기를 해줍니다.
- 사슬뜨기 3코를 떠서 기둥코를 만들어줍니다(긴뜨기를 할 때에는 기둥코 2코).
- 사슬 5코로 만든 원 안에 바늘을 넣어 한길긴뜨기를 해줍니다.
- 한길긴뜨기가 완료되면 기둥코의 마지막 코에 바늘을 넣어 빼뜨기를 해줍니다.

다른 단끼리 잇기

코바늘
- 따로 만든 작업물끼리 이을 때 2개의 코에 바늘을 같이 넣고 실을 걸어 빼줍니다.
- 빼뜨기를 해줍니다(이때 짧은뜨기로 다른 단끼리 잇기도 가능합니다).

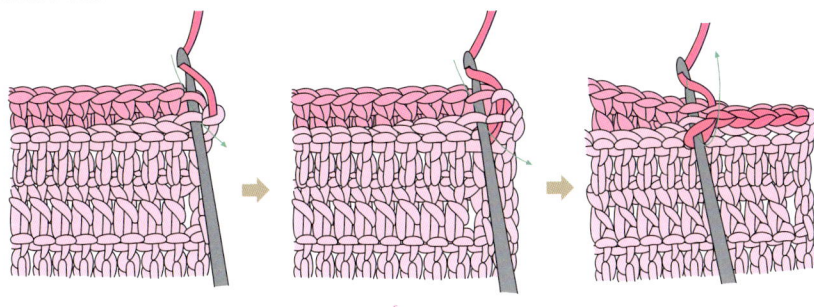

돗바늘
- 따로 만든 작업 물끼리 이을 때 2개의 코에 돗바늘을 같이 넣고 빼줍니다.

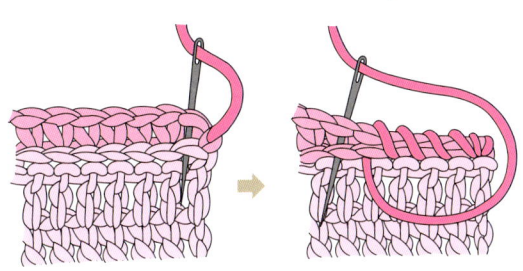

코바늘 뜨기 기초 설명

손뜨개 용어	도안 기호	영문 약어	영문 원어
빼뜨기	●	sl st	slip stitch
사슬뜨기	○	ch / chs	chain / chains
짧은뜨기	✕	sc	single crochet
긴뜨기	T	hdc	half double crochet
한길긴뜨기	Ŧ	dc	double crochet
두길긴뜨기	Ŧ	Tr	Treble crochet
세길긴뜨기	Ŧ	dtr	double treble crochet
네길긴뜨기	Ŧ	ttr	triple treble crochet
앞걸어뜨기	ʃ	fp	front post stitch
뒤걸어뜨기	ʅ	bp	back post stitch
모아뜨기		tog	together
둥글게 뜨기(단)		rnd / rnds	round / rounds
코늘이기		inc	increase
코줄이기		dec	Decrease
바늘 비우기		yo	yarn over
단		row	row

 # BASIC 03 뜨기 기호와 뜨는 법

사슬뜨기

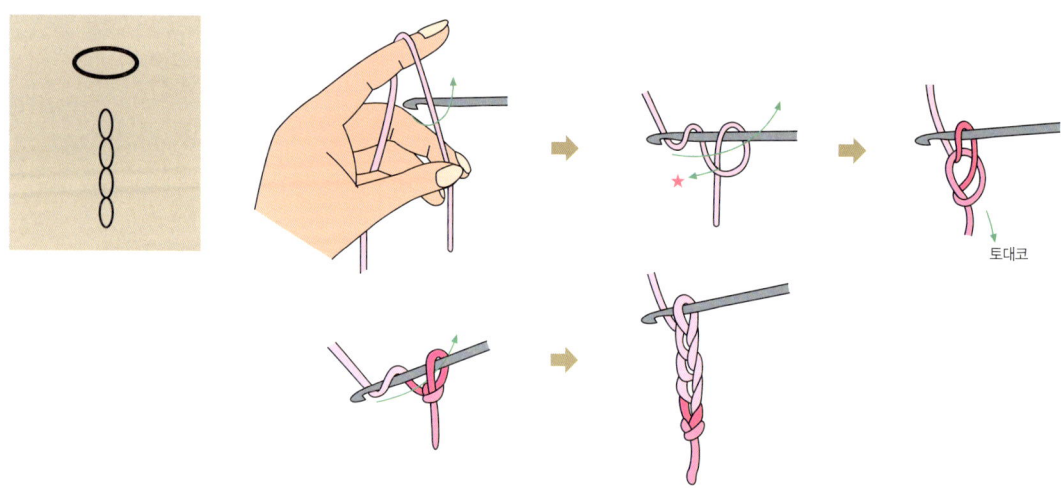

토대코

★ 이 부분을 엄지와 중지로 잡아 형태를 유지한 상태에서 실을 걸어 빼줍니다.

TIP **토대코** 사슬뜨기로 시작할 때 매듭 역할을 하는 맨 처음 코. 토대코 다음 코부터 첫 번째 코로 세며 시작합니다.

빼뜨기

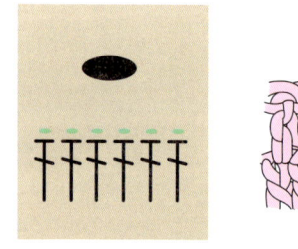

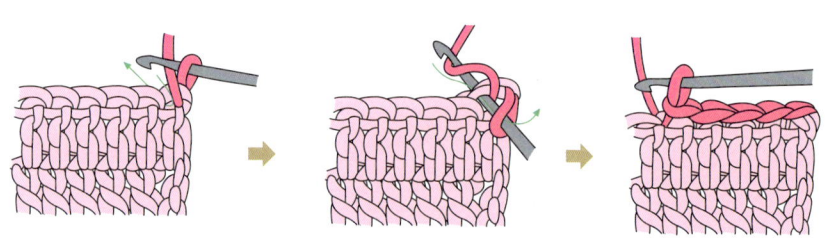

• 빼뜨기를 할 때에는 기둥코 없이 시작합니다.

짧은뜨기

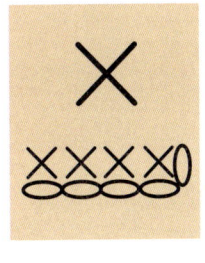

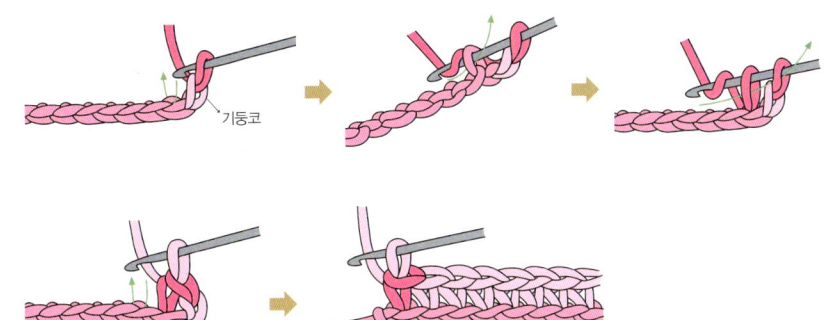

• 기둥코 다음 코부터 짧은뜨기를 시작합니다.

긴뜨기

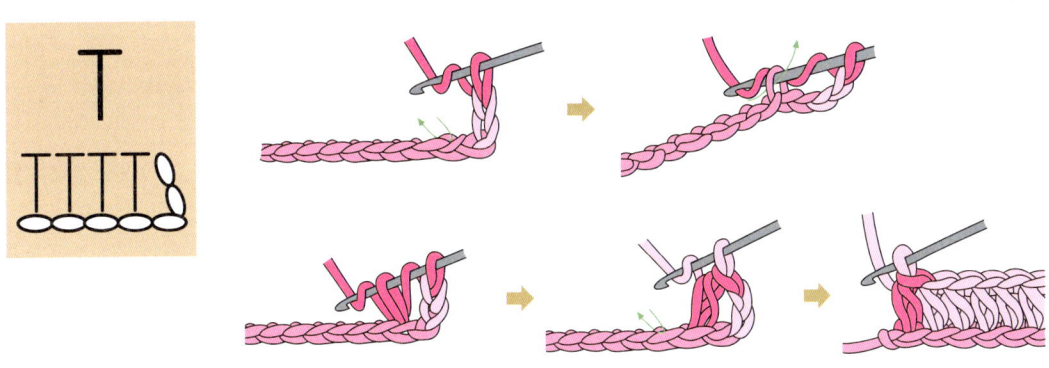

한길긴뜨기

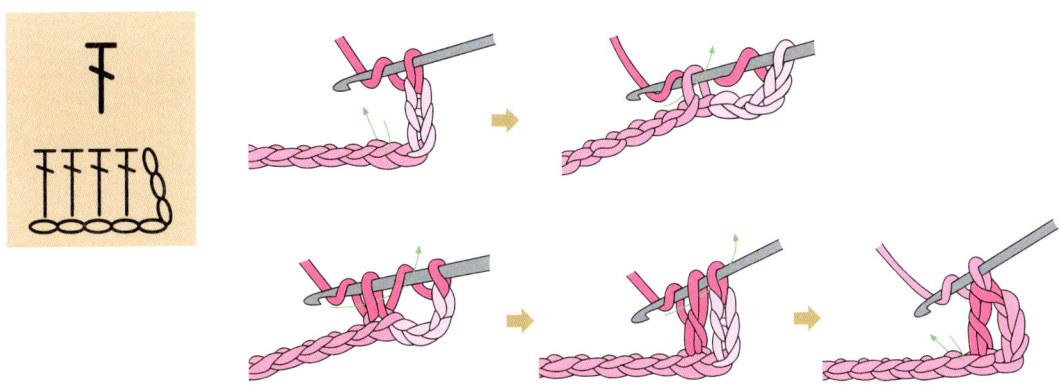

두길긴뜨기

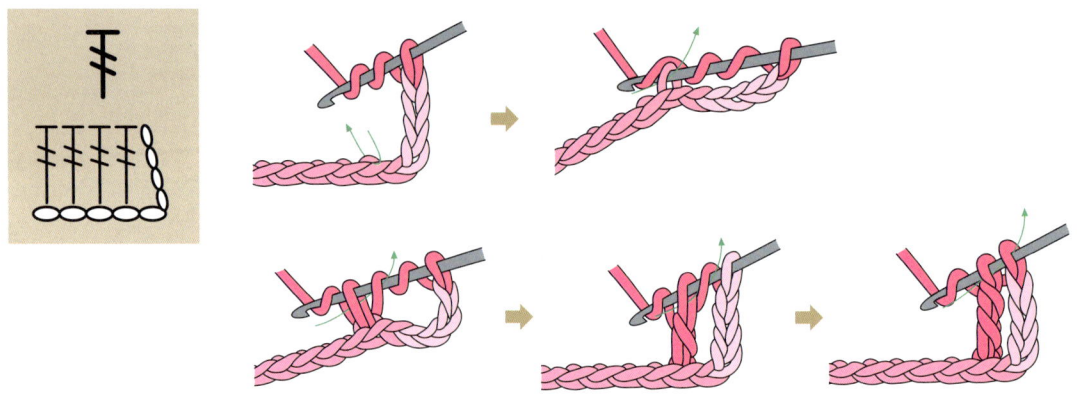

한 코에 짧은뜨기 2개

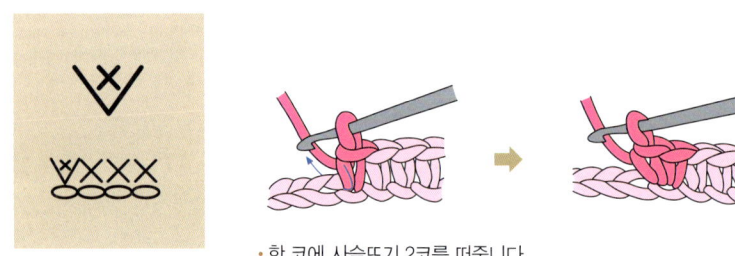

• 한 코에 사슬뜨기 2코를 떠줍니다.

한 코에 한길긴뜨기 2개

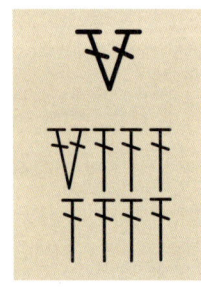

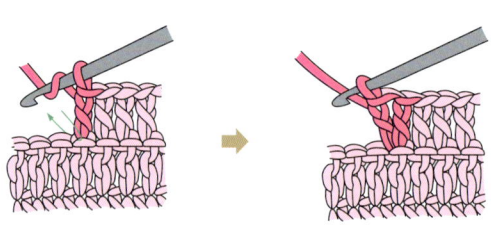

• 한 코에 한길긴뜨기 2코를 뜹니다.
• 한 코에 한길긴뜨기 3코, 4코도 같은 방식으로 떠줍니다.
• 한 코에 긴뜨기 2코, 3코, 4코도 같은 방식으로 떠줍니다.

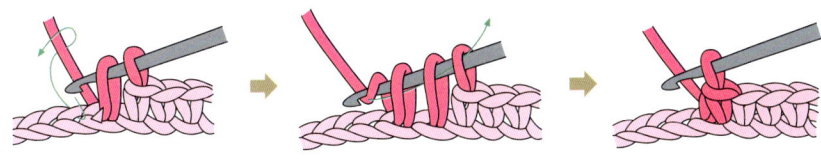

짧은뜨기 2코 모아뜨기

- 짧은뜨기 첫 번째 단계(실을 걸어 뺀 상태)에서 멈춘 뒤, 다음 코에 바늘을 넣어 실을 빼줍니다.
- 바늘에 걸린 실이 3코가 되면 실을 걸어 3코를 한꺼번에 뺍니다.

한길긴뜨기 2코 모아뜨기

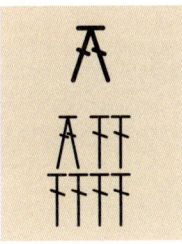

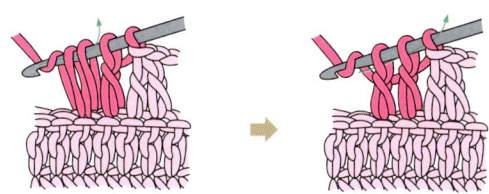

- 한길긴뜨기의 마지막 단계 전에서 멈춘 뒤, 바늘에 실을 걸고 다음 코에 바늘을 넣어 실을 빼줍니다.
- 바늘에 걸린 실이 3코가 되면 실을 걸어 3코를 한꺼번에 빼줍니다.

한길긴뜨기 2코 구슬뜨기

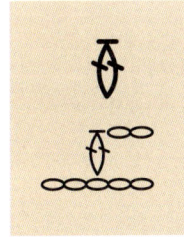

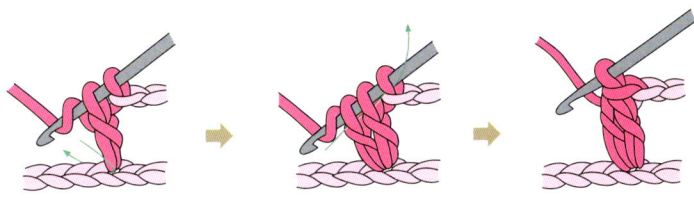

- 한길긴뜨기의 마지막 단계 전에서 멈춘 뒤, 바늘에 실을 걸고 같은 코에 바늘을 넣어 실을 빼줍니다.
- 바늘에 걸린 실이 3코가 되면 실을 걸어 3코를 한꺼번에 빼줍니다.
- 한길긴뜨기 2코 모아뜨기와 같은 방식이나, 다른 점은 구슬뜨기는 동일한 코에 한길긴뜨기를 2개 뜬다는 점입니다.

한길긴뜨기 3코 구슬뜨기

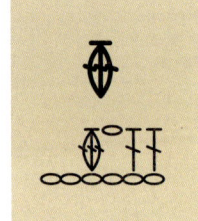
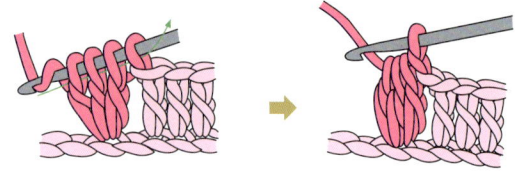

• 한길긴뜨기 2코 구슬뜨기와 같은 요령으로 뜨되, 한 코에 한길긴뜨기를 3개 하여 실에 걸린 코가 4코
  가 되었을 때 실을 걸어 4코를 한꺼번에 빼줍니다.

한길긴뜨기 4코 팝콘뜨기

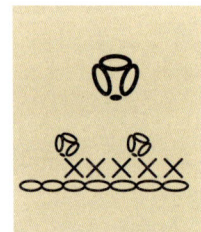
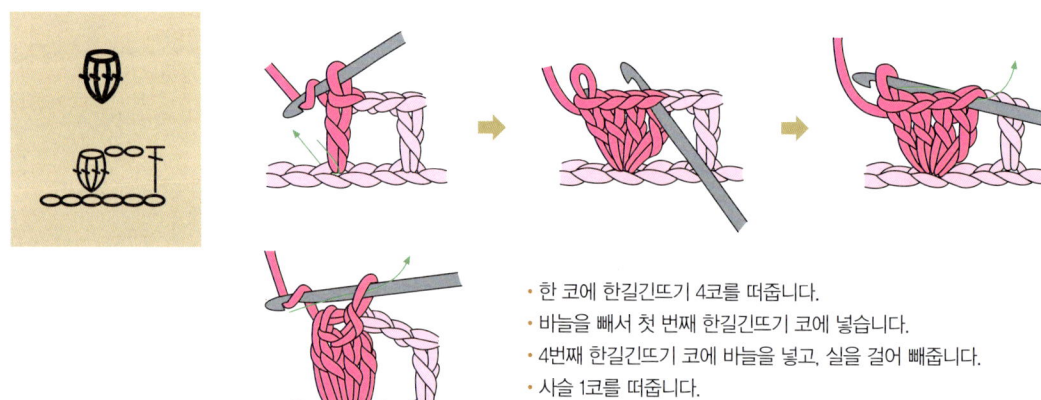

• 한 코에 한길긴뜨기 4코를 떠줍니다.
• 바늘을 빼서 첫 번째 한길긴뜨기 코에 넣습니다.
• 4번째 한길긴뜨기 코에 바늘을 넣고, 실을 걸어 빼줍니다.
• 사슬 1코를 떠줍니다.

사슬 3코 피코뜨기

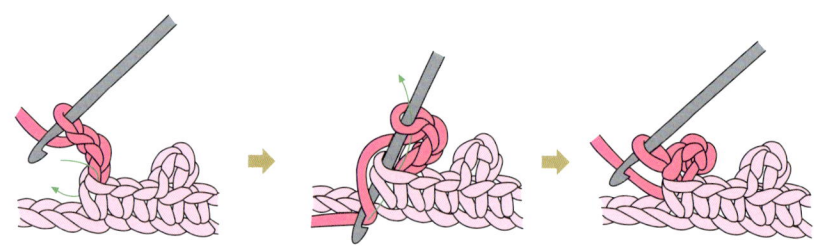

• 사슬 3코를 뜬 후, 화살표 위치에 바늘을 넣어줍니다.
• 바늘에 실을 걸고 한꺼번에 빼줍니다.
• 피코뜨기 4코, 5코도 같은 방식으로 떠줍니다.

앞걸어뜨기

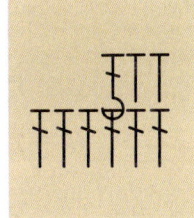
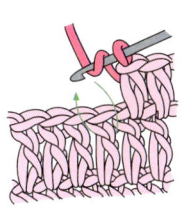 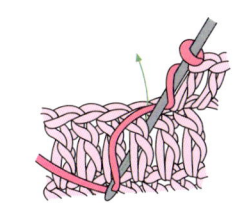 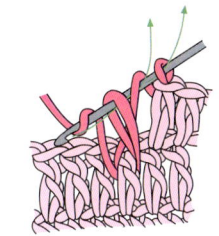

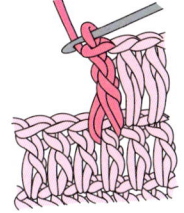

- 앞걸어뜨기를 할 때에는 아랫단이 긴뜨기/한길긴뜨기 이상의 코여야 뜨기가 가능합니다.
- 바늘에 실을 감고 아랫단의 기둥에 앞⇨뒤⇨앞의 방향으로 바늘을 넣어줍니다.
- 실을 걸어 빼줍니다.
- 한길긴뜨기 뜨듯이 떠줍니다.

뒤걸어뜨기

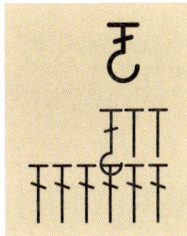
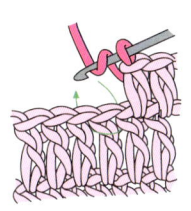 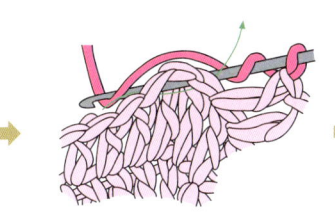 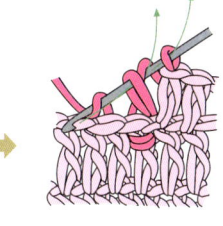

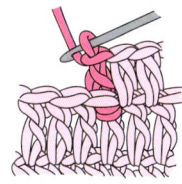

- 바늘에 실을 감고 아랫단의 기둥에 뒤⇨앞⇨뒤의 방향으로 바늘을 넣어줍니다.
- 실을 걸어 빼줍니다.
- 한길긴뜨기 뜨듯이 떠줍니다.

손뜨개 작품 만들기

물방울

코바늘 호수 : 5호

원형뜨기로 시작합니다. 7번째나 8번째 단 과정에서 솜을 넣어주세요.
완성된 물방울은 낚싯줄로 엮어 구름 형태 쿠션에 연결해줍니다.

1단 : 6코 = 짧은뜨기 6개
2단 : 6코 = 짧은뜨기 6개
3단 : 8코 = (짧은뜨기 2개 + 한 코에 짧은뜨기 2개) × 2번 반복
4단 : 8코 = 짧은뜨기 8개
5단 : 12코 = (짧은뜨기 1개 + 한 코에 짧은뜨기 2개) × 4번 반복
6단 : 16코 = (짧은뜨기 2개 + 한 코에 짧은뜨기 2개) × 4번 반복
7단 : 16코 = 짧은뜨기 16개
8단 : 13코 = (짧은뜨기 3개 + 짧은모아뜨기 1개) × 3번 반복 + 짧은뜨기 1개
9단 : 10코 = (짧은뜨기 2개 + 짧은모아뜨기 1개) × 3번 반복 + 짧은뜨기 1개
10단 : 7코 = (짧은뜨기 1개 + 짧은모아뜨기 1개) × 3번 반복 + 짧은뜨기 1개

HOW
TO
MAKE

◁ 시작코
◀ 마무리 코

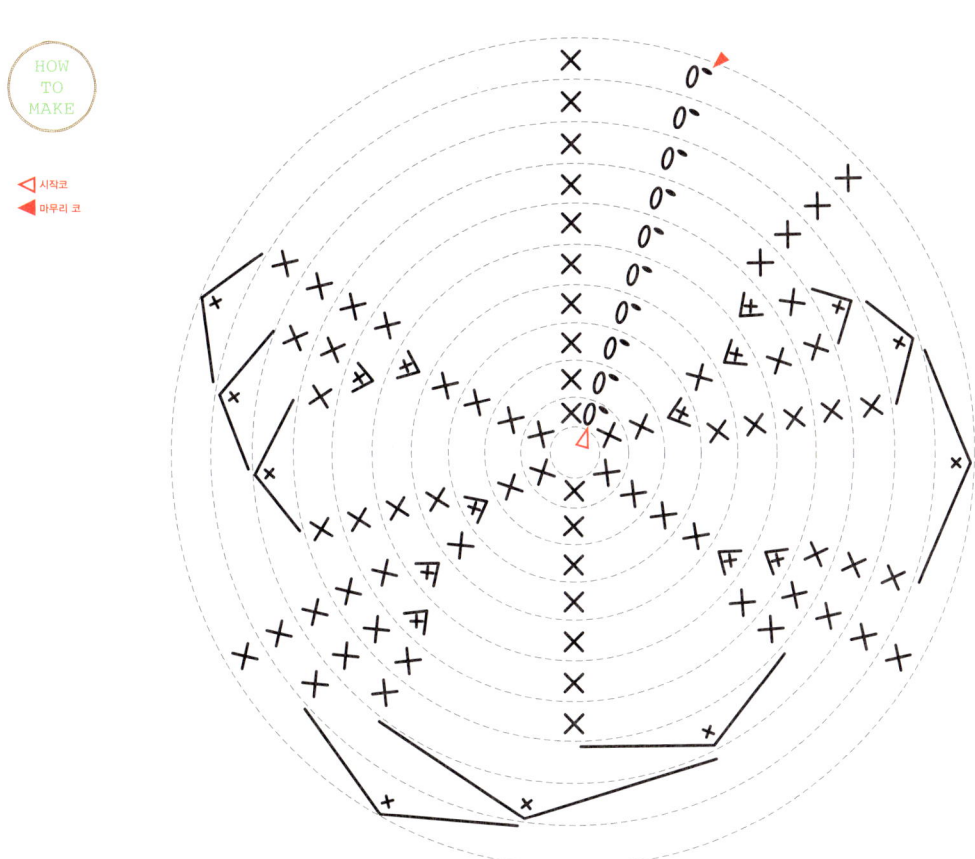

구 름 원단 2장을 겹쳐 구름 도안 형태대로 박음질해주고,
솜을 넣을 숨구멍을 남겨둔 뒤 원단을 뒤집어 솜을 넣고,
시침질로 마무리해줍니다.

라벨 **코바늘 호수 : 1호**

손뜨개로 라벨을 완성한 뒤
반으로 접어 단추와 함께 꿰매줍니다.

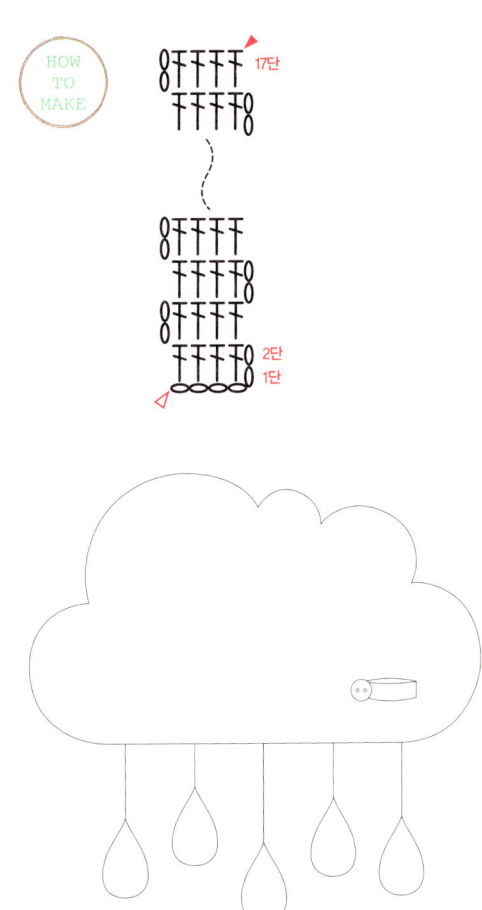

17단

2단
1단

02 마카롱

마카롱

코바늘 호수 : 5호

다음 도안을 두 개 만들어 가장자리를 다른 컬러의 실로 짧은뜨기로 함께 이어줍니다.
70% 정도 이어졌을 때 솜을 넣고 짧은뜨기를 마저 떠준 후 마무리해줍니다.

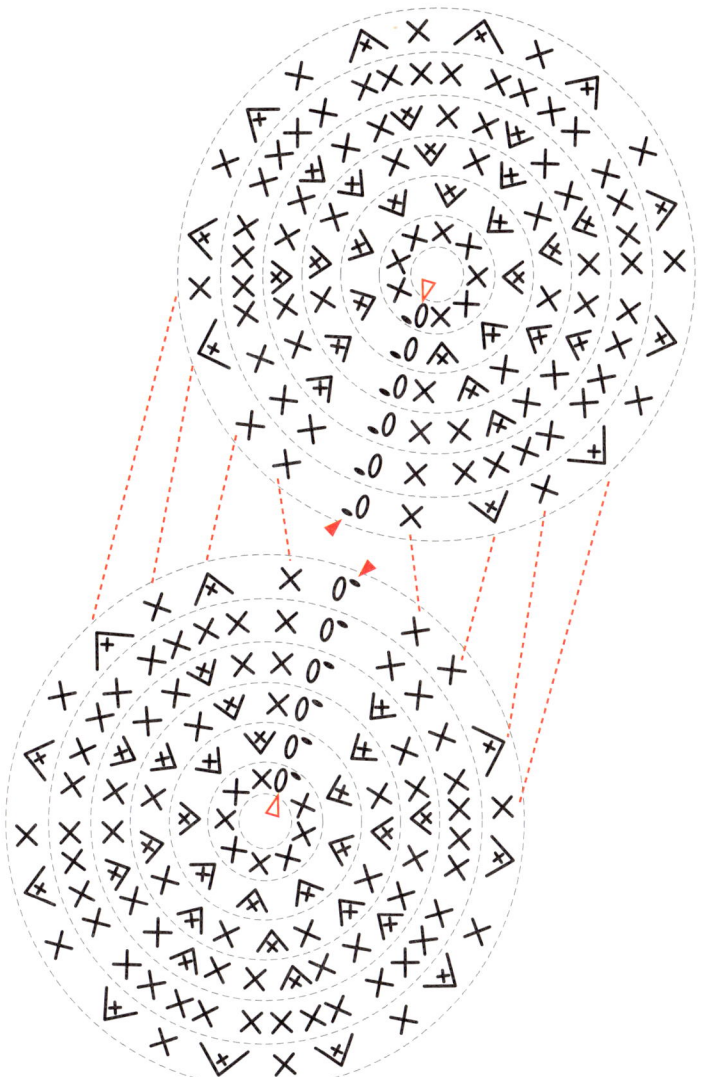

1단 : 8코 = 짧은뜨기 8개
2단 : 16코 = 한 코에 짧은뜨기 2개 × 8번 반복
3단 : 24코 = (짧은뜨기 1개 + 한 코에 짧은뜨기 2개) × 8번 반복
4단 : 32코 = (짧은뜨기 2개 + 한 코에 짧은뜨기 2개) × 8번 반복
5단 : 32코 = 짧은뜨기 32개
6단 : 22코 = (짧은뜨기 1개 + 짧은모아뜨기 1개) × 10번 반복 + 짧은뜨기 2개

03 사과&사과나무

사과

코바늘 호수 : 5호

13번째 단쯤에서 솜을 넣고 14번째 단까지 완성해주세요.

도안대로 만들면 동그란 원형이 됩니다.

14번째 단에서 마무리 지은 후 실을 여유 있게 남기고 잘라주세요.

실을 돗바늘에 꿰어 사과 속을 관통해서 1번째 단 중앙으로 실을 빼주세요.

다시 사과 속으로 바늘을 넣어 14번째 단 실을 넣었던 곳으로 뺀 다음

살짝 당겨주면 사과의 윗부분이 살짝 들어가면서 사과 모양이 완성됩니다.

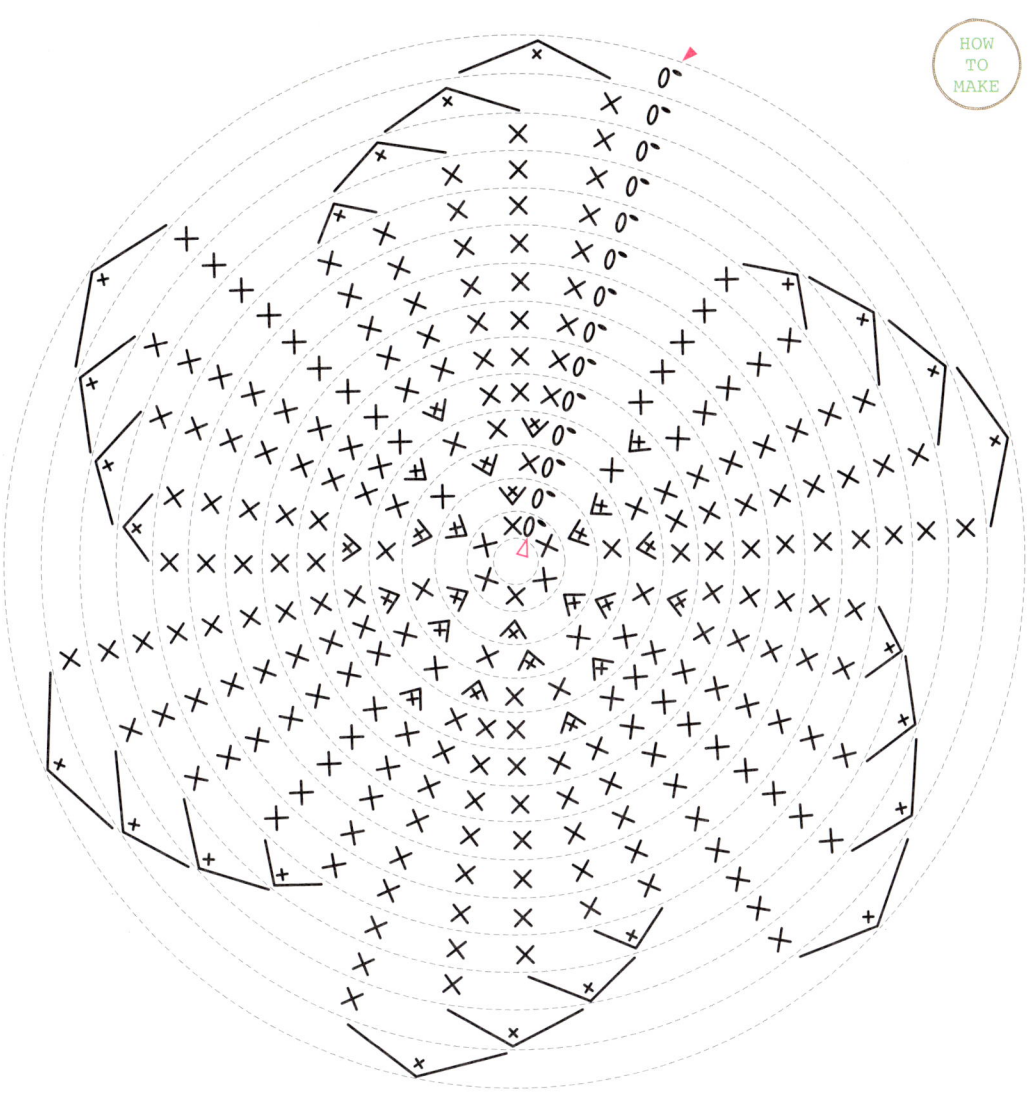

1단 : 6코 = 짧은뜨기 6개

2단 : 12코 = 한 코에 짧은뜨기 2개 × 6번 반복

3단 : 18코 = (짧은뜨기 1개 + 한 코에 짧은뜨기 2개) × 6번 반복

4단 : 24코 = (짧은뜨기 2개 + 한 코에 짧은뜨기 2개) × 6번 반복

5단 : 30코 = (짧은뜨기 3개 + 한 코에 짧은뜨기 2개) × 6번 반복

6단 : 30코 = 짧은뜨기 30개

7단 : 30코 = 짧은뜨기 30개

8단 : 30코 = 짧은뜨기 30개

9단 : 30코 = 짧은뜨기 30개

10단 : 30코 = 짧은뜨기 30개

11단 : 24코 = (짧은뜨기 3개 + 짧은모아뜨기 1개) × 6번 반복

12단 : 18코 = (짧은뜨기 2개 + 짧은모아뜨기 1개) × 6번 반복

13단 : 12코 = (짧은뜨기 1개 + 짧은모아뜨기 1개) × 6번 반복

14단 : 6코 = 짧은모아뜨기 1개 × 6번

HOW
TO
MAKE

사과(잎사귀)

사과(꼭지)
사과 꼭지와 잎사귀는 사과의
마지막 단 중앙에 돗바늘로 고정시켜 줍니다.

사과나무

코바늘 호수 : 5호
사과나무 윗부분과 아래 기둥 부분이 완성되면
각각 솜을 넣고 돗바늘로 마지막 단끼리 연결해줍니다.

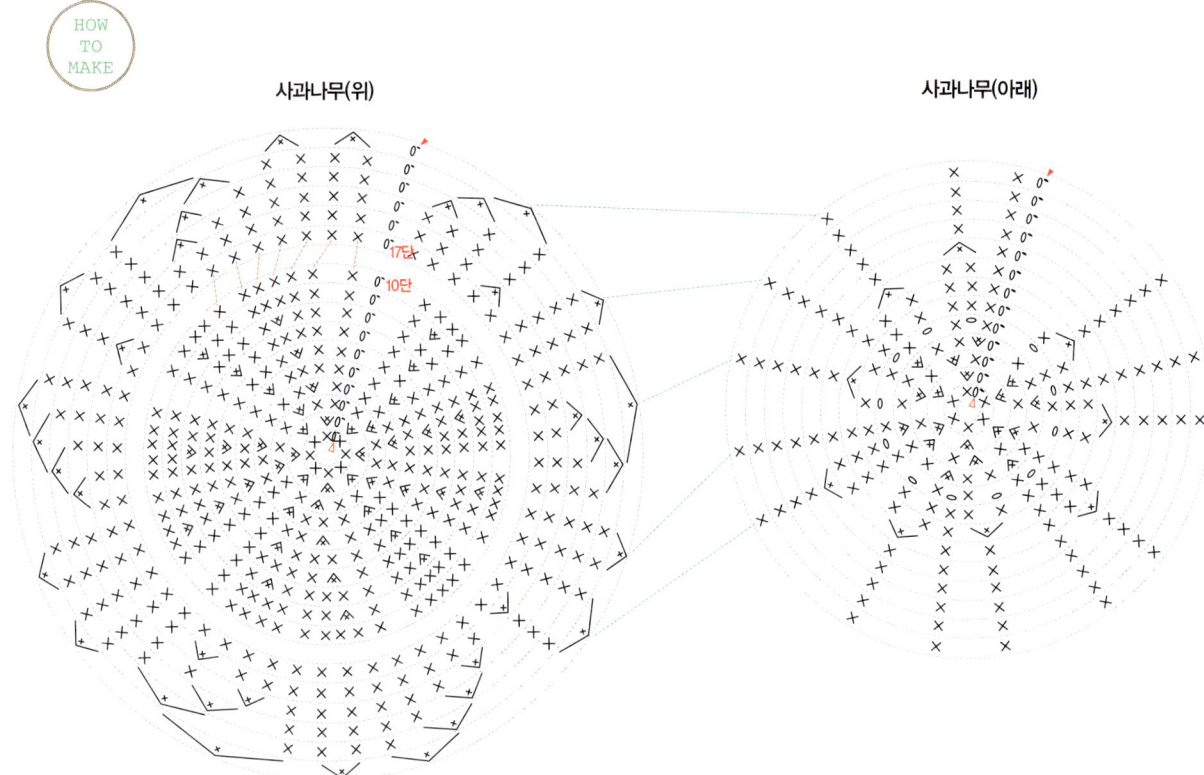

사과나무(위)   사과나무(아래)

1단 : 8코   = 짧은뜨기 8개

2단 : 16코 = 한 코에 짧은뜨기 2개 × 8번 반복

3단 : 21코 = (짧은뜨기 2개 + 한 코에 짧은뜨기 2개) × 5번 반복 + 짧은뜨기 1개

4단 : 26코 = (짧은뜨기 3개 + 한 코에 짧은뜨기 2개) × 5번 반복 + 짧은뜨기 1개

5단 : 31코 = (짧은뜨기 4개 + 한 코에 짧은뜨기 2개) × 5번 반복 + 짧은뜨기 1개

6단 : 36코 = (짧은뜨기 5개 + 한 코에 짧은뜨기 2개) × 5번 반복 + 짧은뜨기 1개

7단 : 41코 = (짧은뜨기 6개 + 한 코에 짧은뜨기 2개) × 5번 반복 + 짧은뜨기 1개

8단 : 46코 = (짧은뜨기 7개 + 한 코에 짧은뜨기 2개) × 5번 반복 + 짧은뜨기 1개

9단 : 51코 = (짧은뜨기 8개 + 한 코에 짧은뜨기 2개) × 5번 반복 + 짧은뜨기 1개

10단 : 51코 = 짧은뜨기 51개

11단 : 51코 = 짧은뜨기 51개

12단 : 51코 = 짧은뜨기 51개

13단 : 51코 = 짧은뜨기 51개

14단 : 51코 = 짧은뜨기 51개

15단 : 51코 = 짧은뜨기 51개

16단 : 51코 = 짧은뜨기 51개

17단 : 51코 = 짧은뜨기 51개

18단 : 47코 = (짧은뜨기 10개 + 짧은모아뜨기 1개) × 4번 반복 + 짧은뜨기 3개

19단 : 42코 = (짧은뜨기 6개 + 짧은모아뜨기 1개) × 5번 반복 + 짧은뜨기 7개

20단 : 36코 = (짧은뜨기 5개 + 짧은모아뜨기 1개) × 6번 반복

21단 : 30코 = (짧은뜨기 4개 + 짧은모아뜨기 1개) × 6번 반복

22단 : 15코 = 짧은모아뜨기 15개

1단 : 6코   = 짧은뜨기 6개

2단 : 12코 = 한 코에 짧은뜨기 2개 × 6번 반복

3단 : 18코 = (짧은뜨기 1개 + 한 코에 짧은뜨기 2개) × 6번 반복

4단 : 24코 = (짧은뜨기 2개 + 한 코에 짧은뜨기 2개) × 6번 반복

5단 : 24코 = (짧은뜨기 1개 + 사슬뜨기 1개) × 12번 반복

6단 : 24코 = 짧은뜨기 24개

7단 : 21코 = (짧은뜨기 6개 + 짧은모아뜨기 1개) × 3번 반복

8단 : 18코 = (짧은뜨기 5개 + 짧은모아뜨기 1개) × 3번 반복

9단 : 15코 = (짧은뜨기 4개 + 짧은모아뜨기 1개) × 3번 반복

10단 : 15코 = 짧은뜨기 15개

11단 : 15코 = 짧은뜨기 15개

12단 : 15코 = 짧은뜨기 15개

13단 : 15코 = 짧은뜨기 15개

코바늘 호수 : 5호

바구니는 마 재질의 소품용 실로 제작합니다.
도안대로 손뜨개가 완성되면 바구니의 손잡이 부분을 다른 컬러의 실로 돌돌 말고
끝과 시작 부분은 안쪽에서 실리콘으로 고정시켜 마무리합니다.

HOW
TO
MAKE

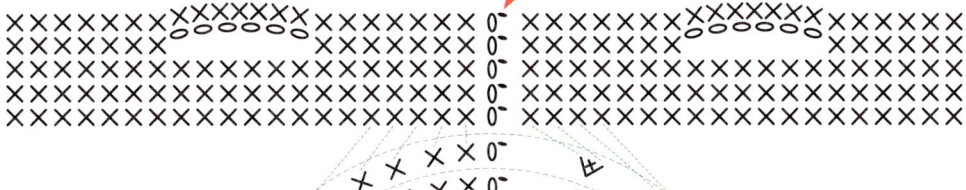

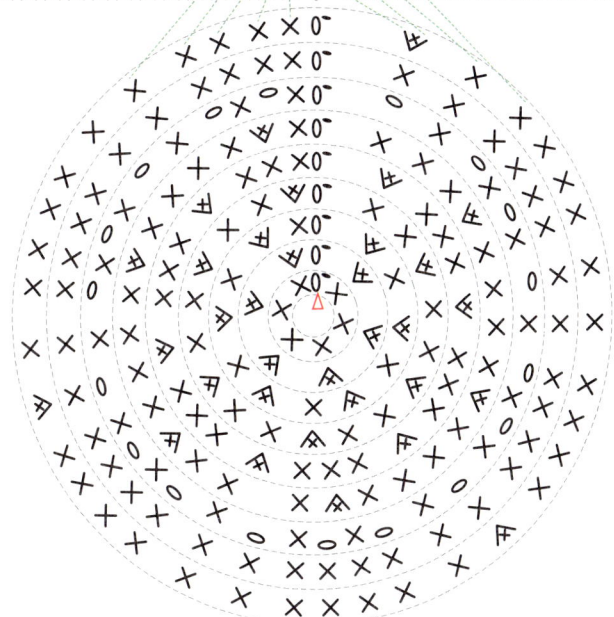

1단 : 6코　= 짧은뜨기 6개

2단 : 12코　= 한 코에 짧은뜨기 2개 × 6번 반복

3단 : 18코　= (짧은뜨기 1개 + 한 코에 짧은뜨기 2개) × 6번 반복

4단 : 24코　= (짧은뜨기 2개 + 한 코에 짧은뜨기 2개) × 6번 반복

5단 : 30코　= (짧은뜨기 3개 + 한 코에 짧은뜨기 2개) × 6번 반복

6단 : 36코　= (짧은뜨기 4개 + 한 코에 짧은뜨기 2개) × 6번 반복

7단 : 36코　= (짧은뜨기 1개 + 사슬뜨기 1개) × 18번 반복

8단 : 36코　= 짧은뜨기 36개

9단 : 39코　= (짧은뜨기 11개 + 한 코에 짧은뜨기 2개) × 3번 반복

10단 : 39코 = 짧은뜨기 39개

11단 : 39코 = 짧은뜨기 39개

12단 : 39코 = 짧은뜨기 39개

13단 : 39코 = 짧은뜨기 7개 + 사슬뜨기 6개 + 짧은뜨기 13개 + 사슬뜨기 6개 + 짧은뜨기 7개

14단 : 41코 = 짧은뜨기 41개 **사슬뜨기 6코인 부분에 짧은뜨기 7개**

04 머핀

머핀(위)

코바늘 호수 : 5호

- 1~5단 / 6단~12단으로 컬러를 나누어 만들어주세요.
- 1~5단까지 마무리되면 빼뜨기해서 마무리를 지어주고,
  6단은 컬러를 바꿔서 3단 짧은뜨기한 부분부터 시작합니다.
- 마무리한 후 실을 여유 있게 자릅니다. 돗바늘로 머핀(아래) 부분과 연결해줍니다.
- 이때 솜을 넣을 여유 부분을 남기고 솜을 넣은 다음 마무리합니다.
  (머핀 윗부분과 방울을 먼저 연결한 다음 머핀 아랫부분과 연결해주세요.)

1단 : **6코** = 짧은뜨기 6개

2단 : **12코** = (한 코에 짧은뜨기 2개) × 6번 반복

3단 : **18코** = (짧은뜨기 1개 + 한 코에 짧은뜨기 2개) × 6번 반복

4단 : **30코** = (사슬뜨기 4개 + 짧은뜨기 1개) × 6번 반복

5단 : **36코** = (긴뜨기 1개 + 한길긴뜨기 1개 + 두길긴뜨기 1개 +
한길긴뜨기 1개 + 긴뜨기 1개) × 6번 반복

6단 : **24코** = (짧은뜨기 2개 + 한 코에 짧은뜨기 2개) × 6번 반복
6단은 3단 코에 이어 떠줍니다.

7단 : **30코** = (짧은뜨기 3개 + 한 코에 짧은뜨기 2개) × 6번 반복

8단 : **36코** = (짧은뜨기 4개 + 한 코에 짧은뜨기 2개) × 6번 반복

9단 : **42코** = (짧은뜨기 5개 + 한 코에 짧은뜨기 2개) × 6번 반복

10단 : **42코** = 짧은뜨기 42개

11단 : **42코** = 짧은뜨기 42개

12단 : **42코** = 짧은뜨기 42개

HOW TO MAKE

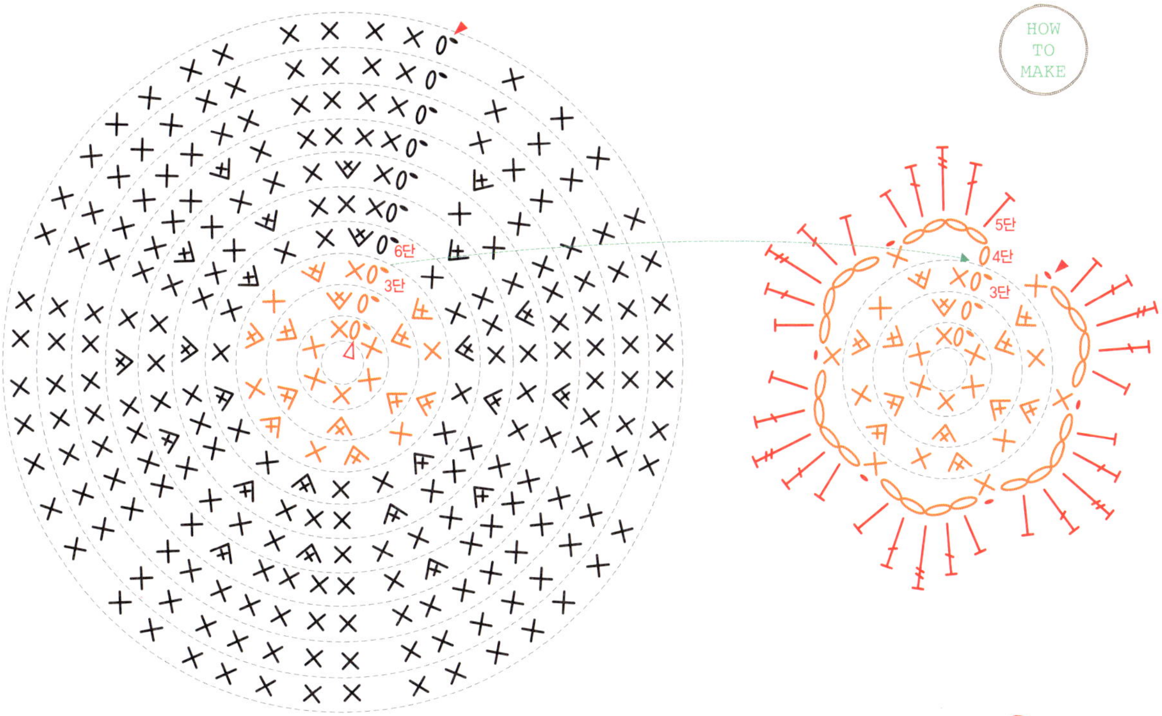

머핀(아래)

코바늘 호수 : 5호

1단 : 6코 = 짧은뜨기 6개
2단 : 12코 = (한 코에 짧은뜨기 2개) × 6번 반복
3단 : 18코 = (짧은뜨기 1개 + 한 코에 짧은뜨기 2개) × 6번 반복
4단 : 24코 = (짧은뜨기 2개 + 한 코에 짧은뜨기 2개) × 6번 반복
5단 : 30코 = (짧은뜨기 3개 + 한 코에 짧은뜨기 2개) × 6번 반복
6단 : 36코 = (짧은뜨기 4개 + 한 코에 짧은뜨기 2개) × 6번 반복
7단 : 42코 = (짧은뜨기 5개 + 한 코에 짧은뜨기 2개) × 6번 반복
8단 : 42코 = (짧은뜨기 1개 + 사슬뜨기 1개) × 21번 반복
9단 : 42코 = 한길긴뜨기 42개
10단 : 42코 = (앞걸어뜨기 1개 + 뒤걸어뜨기 1개) × 21번 반복
11단 : 42코 = (앞걸어뜨기 1개 + 뒤걸어뜨기 1개) × 21번 반복
12단 : 42코 = (앞걸어뜨기 1개 + 뒤걸어뜨기 1개) × 21번 반복
13단 : 42코 = (앞걸어뜨기 1개 + 뒤걸어뜨기 1개) × 21번 반복
14단 : 70코 = (짧은뜨기 1개 + 긴뜨기 1개 + 한길긴뜨기 1개 + 긴뜨기 1개 + 짧은뜨기 1개) × 14번 반복

HOW TO MAKE

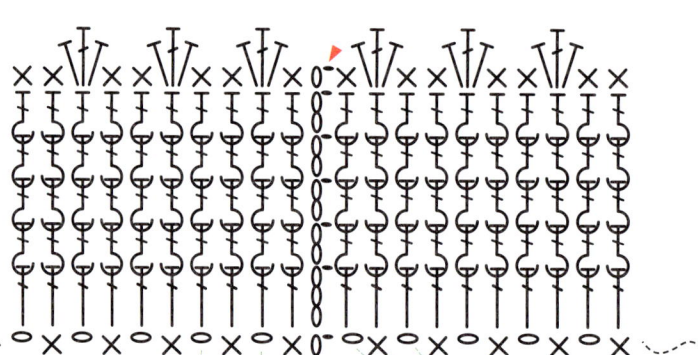

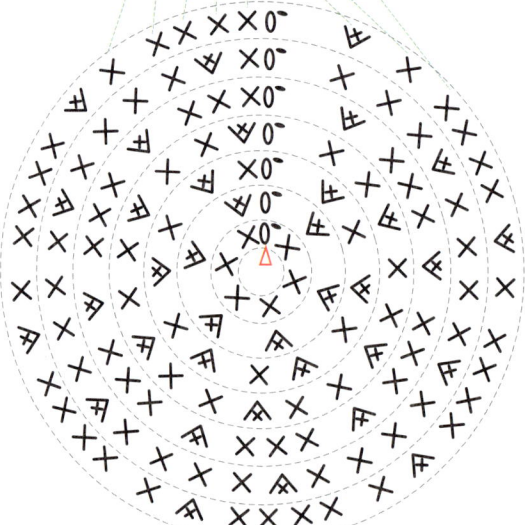

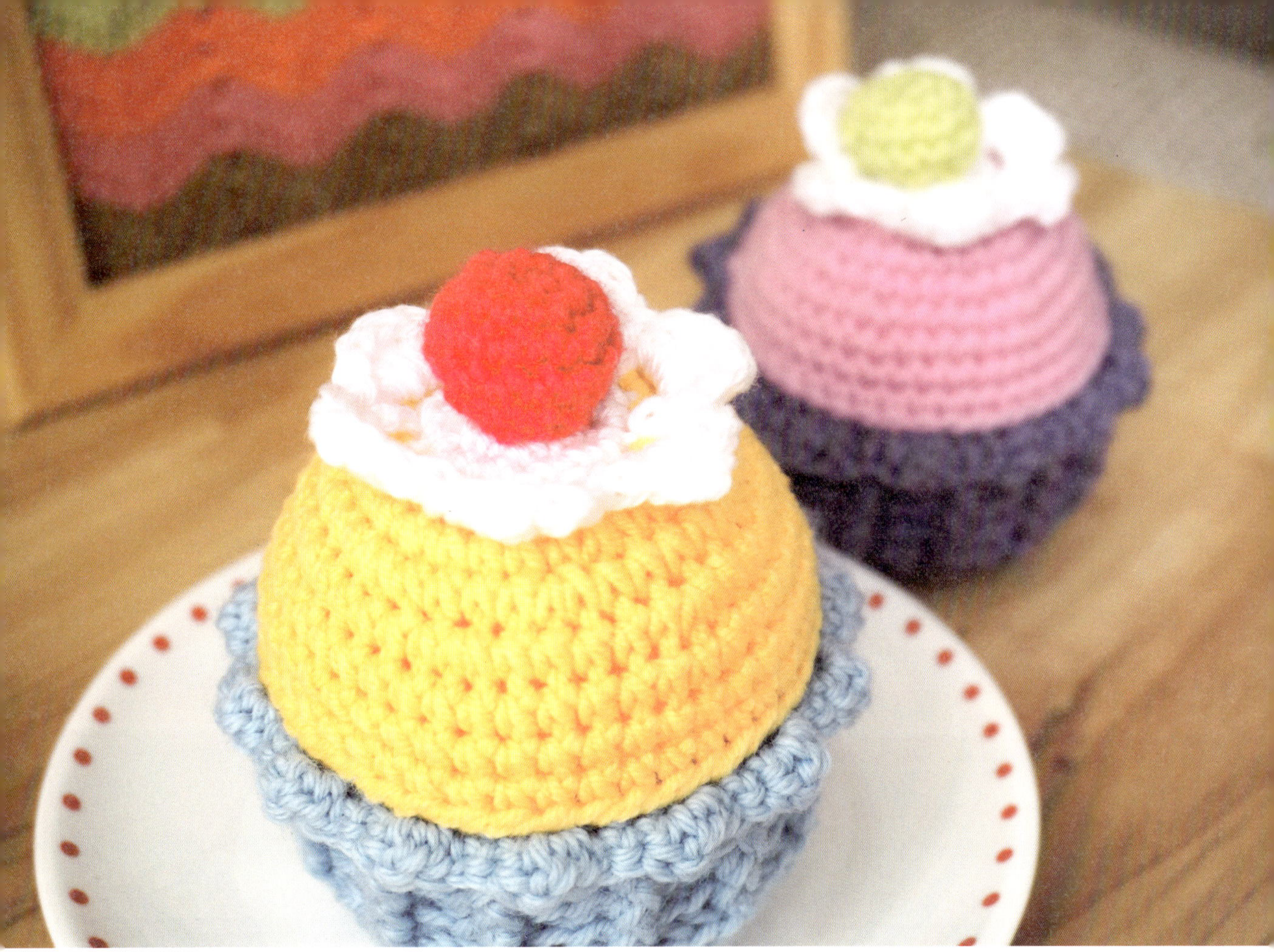

머핀(위) 방울

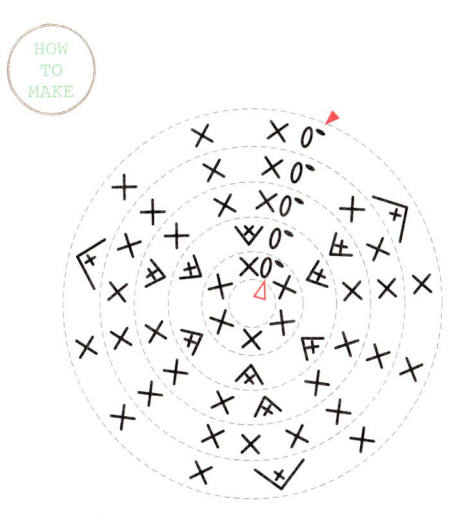

코바늘 호수 : 5호

마무리 후 실을 여유 있게 자릅니다.

돗바늘로 머핀(위) 정중앙에 꿰매주세요.

HOW TO MAKE

1단 : 6코 = 짧은뜨기 6개

2단 : 12코 = (한 코에 짧은뜨기 2개) × 6번 반복

3단 : 15코 = (짧은뜨기 3개 + 한 코에 짧은뜨기 2개) × 3번 반복

4단 : 15코 = 짧은뜨기 15개

5단 : 12코 = (짧은뜨기 3개 + 짧은 모아뜨기 1개) × 3번 반복

하트 모양 가랜드

하트 모양 모티브

코바늘 호수 : 3호

하트 모티브를 이어 가랜드를 만들 때에는 사슬뜨기로 끈을 떠나가다가
하트 모티브 양쪽 상단에 짧은뜨기로 이어주고 다시 사슬뜨기하여 가랜드를 만들어줍니다.

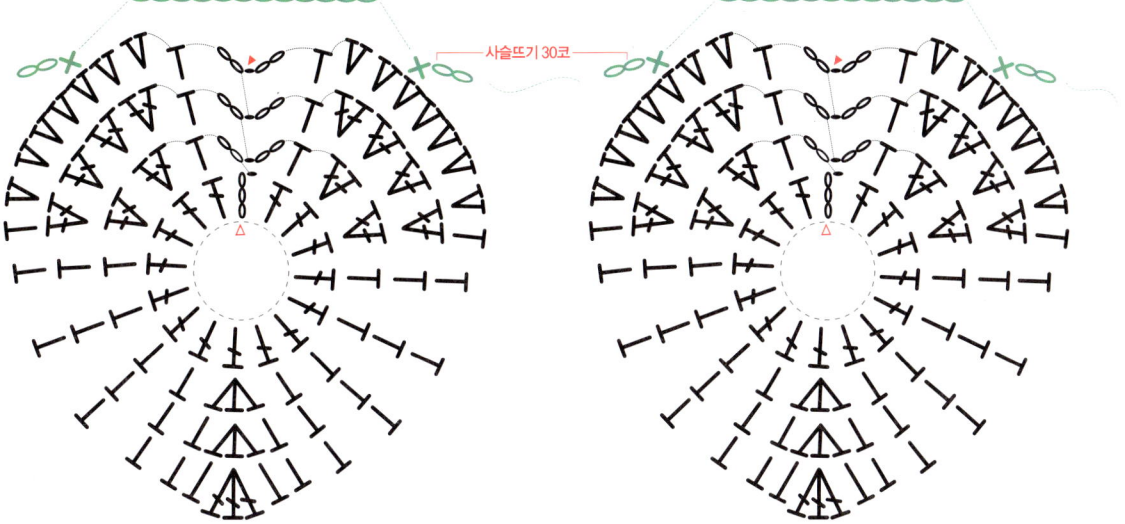

사슬뜨기 12코

사슬뜨기 30코

1단 : 15코 = 한길뜨기 15개
2단 : 21코 = 사슬뜨기 2개 + 긴뜨기 1개 + (한 코에 한길긴뜨기 2개 X 2번 반복) + 긴뜨기 4개 + 한 코에 긴뜨기 3개
+ 긴뜨기 4개 + (한 코에 한길긴뜨기 2개 X 2번 반복) + 긴뜨기 1개 + 사슬뜨기 2개
3단 : 31코 = 사슬뜨기 2개 + 긴뜨기 1개 + (한 코에 한길긴뜨기 2개 X 4번 반복) + 긴뜨기 5개 + 한 코에 긴뜨기 3개
+ 긴뜨기 5개 + (한 코에 한길긴뜨기 2개 X 4번 반복) + 긴뜨기 1개 + 사슬뜨기 2개
4단 : 47코 = 사슬뜨기 2개 + 긴뜨기 1개 + (한 코에 긴뜨기 2개 X 7번 반복) + 긴뜨기 7개 + 한 코에 한길긴뜨기 3개
+ 긴뜨기 7개 + (한 코에 한길긴뜨기 2개 X 7번 반복) + 긴뜨기 1개 + 사슬뜨기 2개

06 별모양 가랜드

별모양 모티브

코바늘 호수 : 3호

- 1단은 원형뜨기로 시작합니다.
- 사슬뜨기 3코 먼저 만들어주고, 한길긴뜨기 두 코 모아뜨기를 해준 다음 '사슬뜨기 3코+한길긴뜨기 3코 모아뜨기'를 반복합니다.

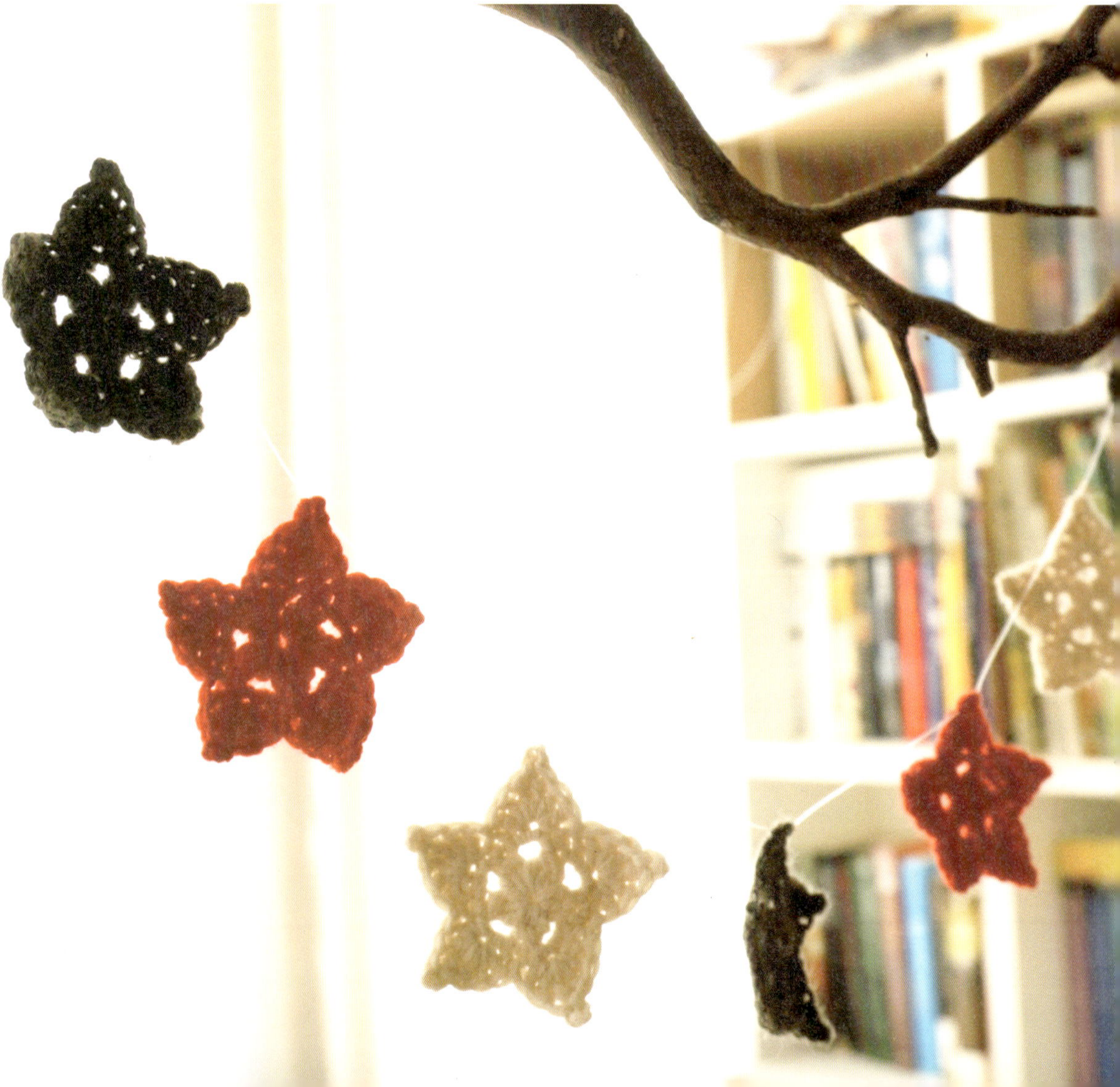

HOW
TO
MAKE

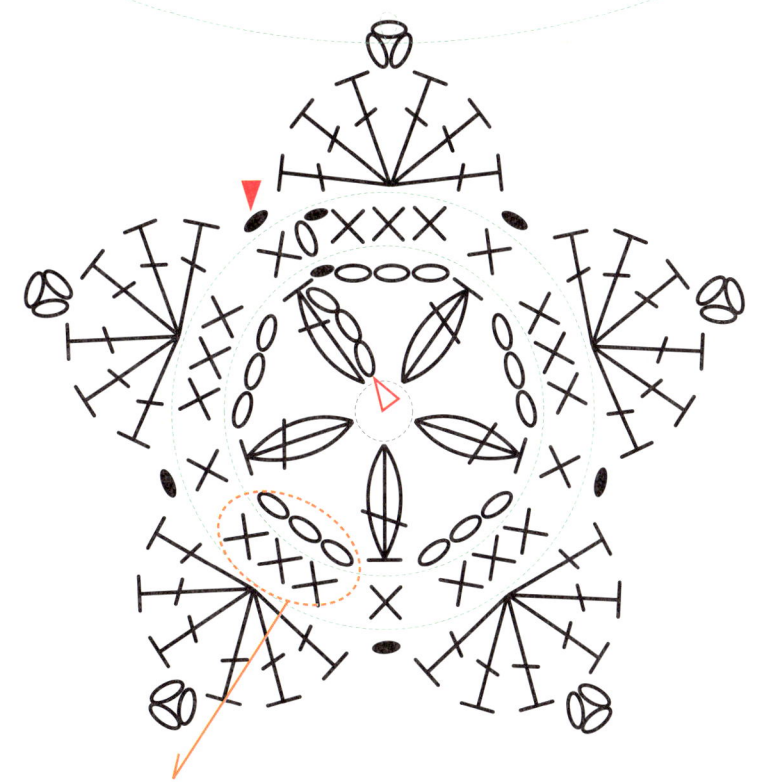

사슬뜨기 다음 단에 짧은뜨기(긴뜨기, 한길긴뜨기) 할 때에는
사슬뜨기 한 코에 각각 짧은뜨기를 뜨는 것보다 사슬뜨기한 부분을
전체적으로 감싸듯이 짧은뜨기를 하면 훨씬 더 수월할뿐더러
전체적인 모양도 더 부드럽게 만들어집니다.

손뜨개 열매

코바늘 호수 : 1호

원형뜨기로 한길긴뜨기 12개를 뜨고
빼뜨기로 마무리해준 다음 적당한 길이로
실을 자르고 높이가 2cm 정도 되도록 빼뜨기한
부분에서 마무리해줍니다.

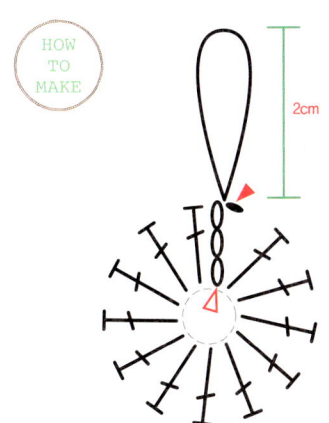

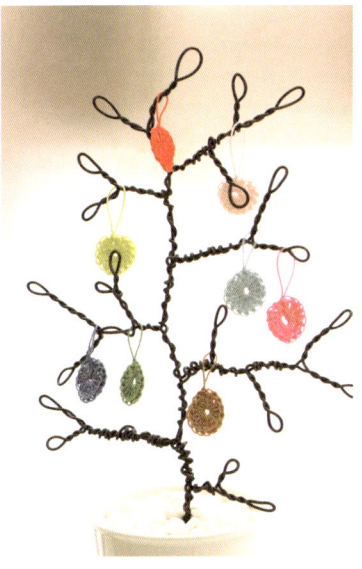

화분 커버

HOW
TO
MAKE

코바늘 호수 : 3 호

화분(컵) 사이즈 : 5cm

1단 : 12코 = 한길긴뜨기 12개
2단 : 24코 = 한 코에 한길긴뜨기 2개 × 12번 반복
3단 : 36코 = (한길긴뜨기 1개 + 한 코에 한길긴뜨기 2개) × 12번 반복
4단 : 36코 = 한길긴뜨기 36개
5단 : 36코 = 한길긴뜨기 36개
6단 : 36코 = 한길긴뜨기 36개
7단 : 36코 = 한길긴뜨기 36개
8단 : 36코 = 한길긴뜨기 36개

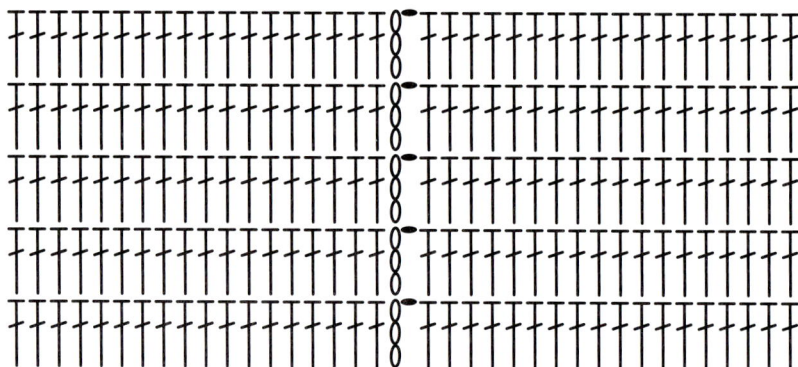

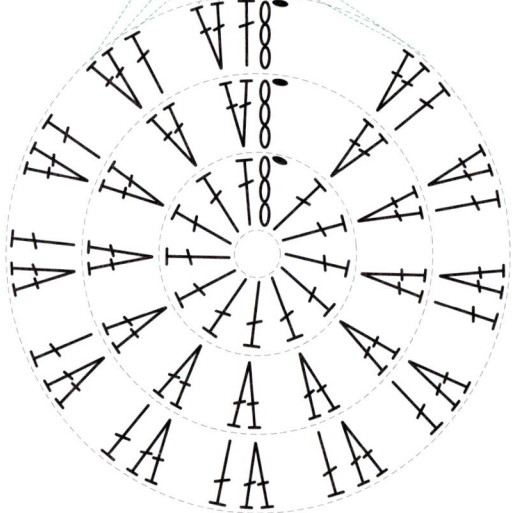

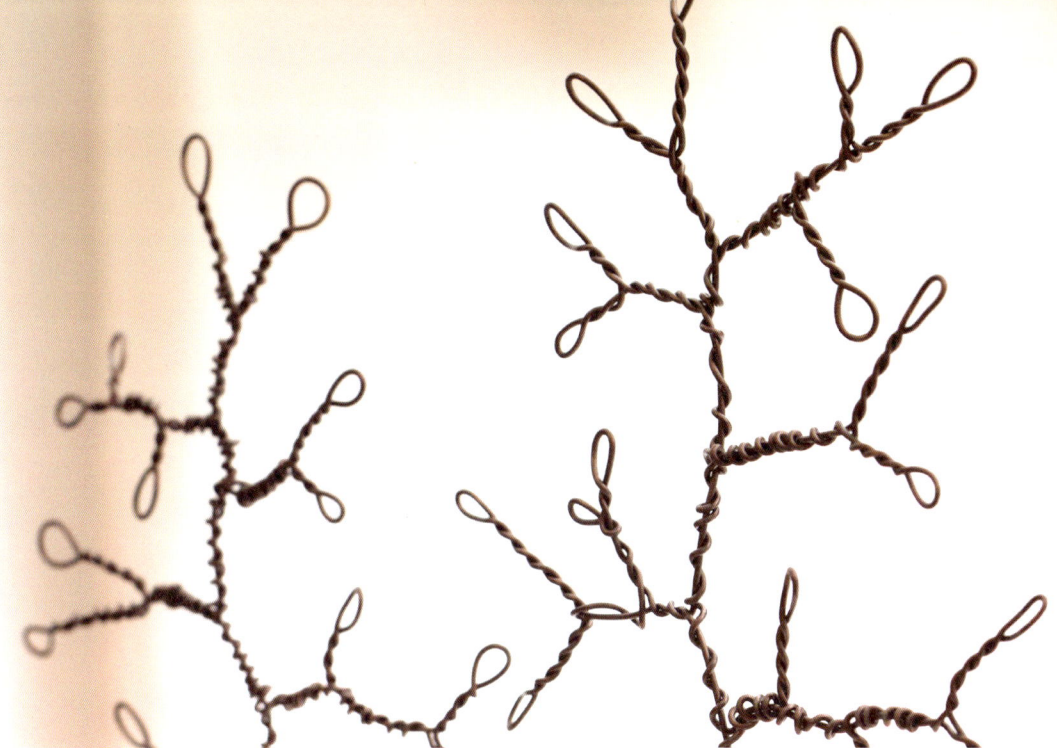

와이어 나무

공예용 와이어 철사

- 부드러운 공예용 와이어로 다음 도안과 같은 형태를 만들어줍니다.
- 화분(컵)에 담을 때에는 와이어 나무가 고정될 수 있도록
  작은 돌을 함께 담아줍니다.
- 큰 나무 : 18cm / 작은 나무 : 14cm

HOW
TO
MAKE

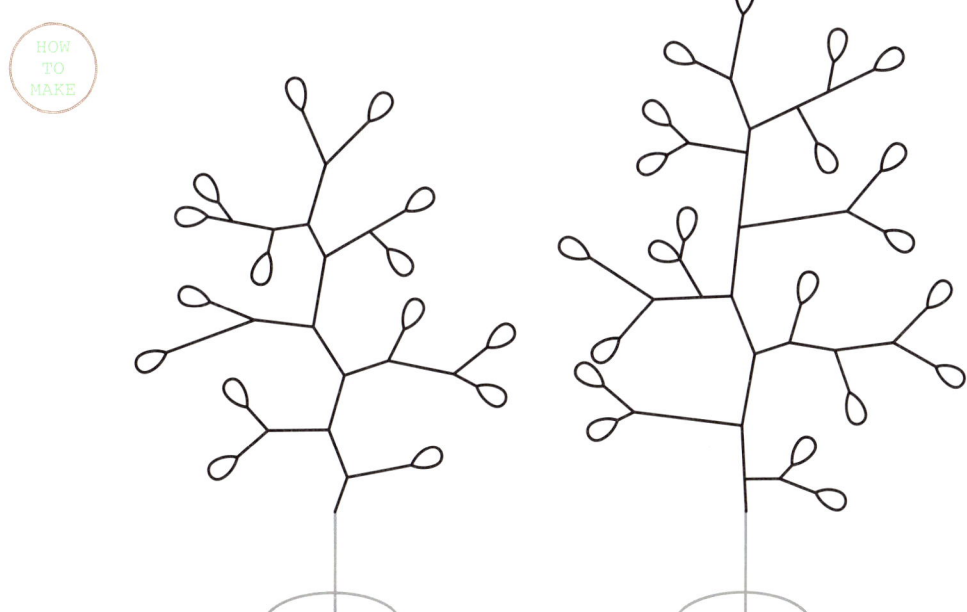

와이어 나무가 서 있을 수 있도록 아랫부분에 여유분(뿌리)을 만들어줍니다.

08 전구 재활용 열기구

폐 전구 커버

코바늘 호수 : 1호

- 1단은 원형뜨기로 '한길긴뜨기 3코 구슬뜨기+사슬뜨기 5코'를 12개 만들어 시작합니다.
- 4단까지 단마다 컬러를 바꿔서 이어 떠준 다음 마무리합니다.
- 5단부터 13단까지 전 단의 사슬코 중앙에서 짧은뜨기로 시작하고 마무리한 다음. 그다음 단을 새롭게 시작합니다.
- 11단까지 마무리된 상태에서 폐전구에 커버를 씌운 후 나머지 12, 13단을 진행합니다.
- 바늘에 실을 꿰어 13단의 사슬코 중앙끼리 연결해주어. 커버가 폐전구에 꼭 맞도록 고정시켜줍니다.

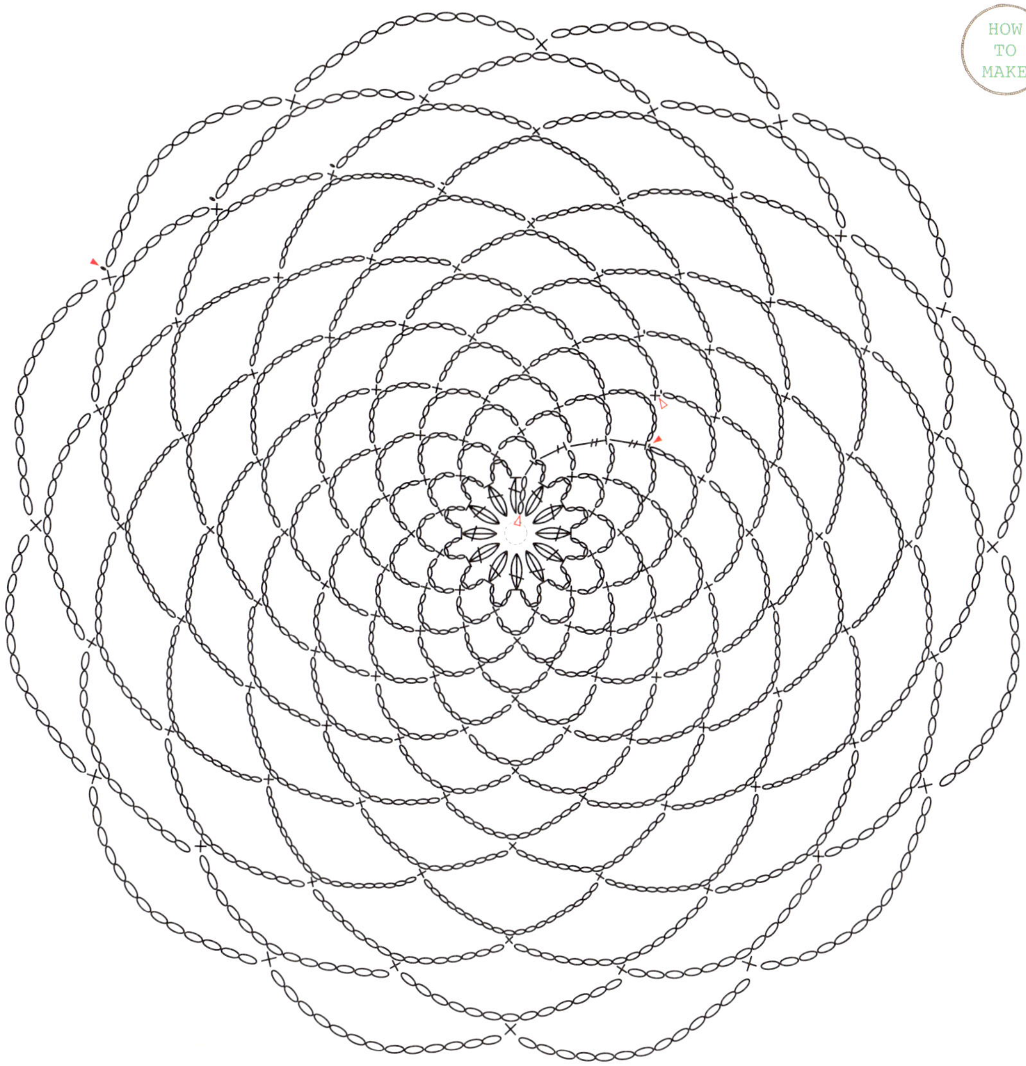

열기구 바구니

코바늘 호수 : 5호

• 열기구 바구니가 완성되면 도안에 표시된 코 4군데에 각각 17cm 길이의 실을 연결합니다.

• 커버가 씌워진 상태의 폐전구 끝단에 묶어 연결하고 마무리합니다.

• 이때 실 길이는 13cm 정도로 길이를 맞춘 후 실끝을 정리합니다.

HOW TO MAKE

1단 : 6코 = 짧은뜨기 6개

2단 : 12코 = 한 코에 짧은뜨기 2개 × 6번 반복

3단 : 18코 = (짧은뜨기 1개 + 한 코에 짧은뜨기 2개) × 6번 반복

4단 : 24코 = (짧은뜨기 2개 + 한 코에 짧은뜨기 2개) × 6번 반복

5단 : 30코 = (짧은뜨기 3개 + 한 코에 짧은뜨기 2개) × 6번 반복

6단 : 30코 = (짧은뜨기 1개 + 사슬뜨기 1개) × 15번 반복

7단 : 30코 = 짧은뜨기 30개

~

12단 : 30코 = 짧은뜨기 30개

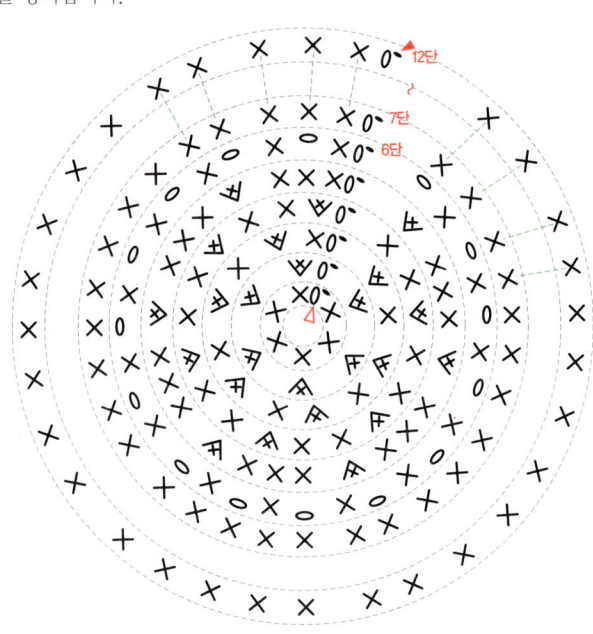

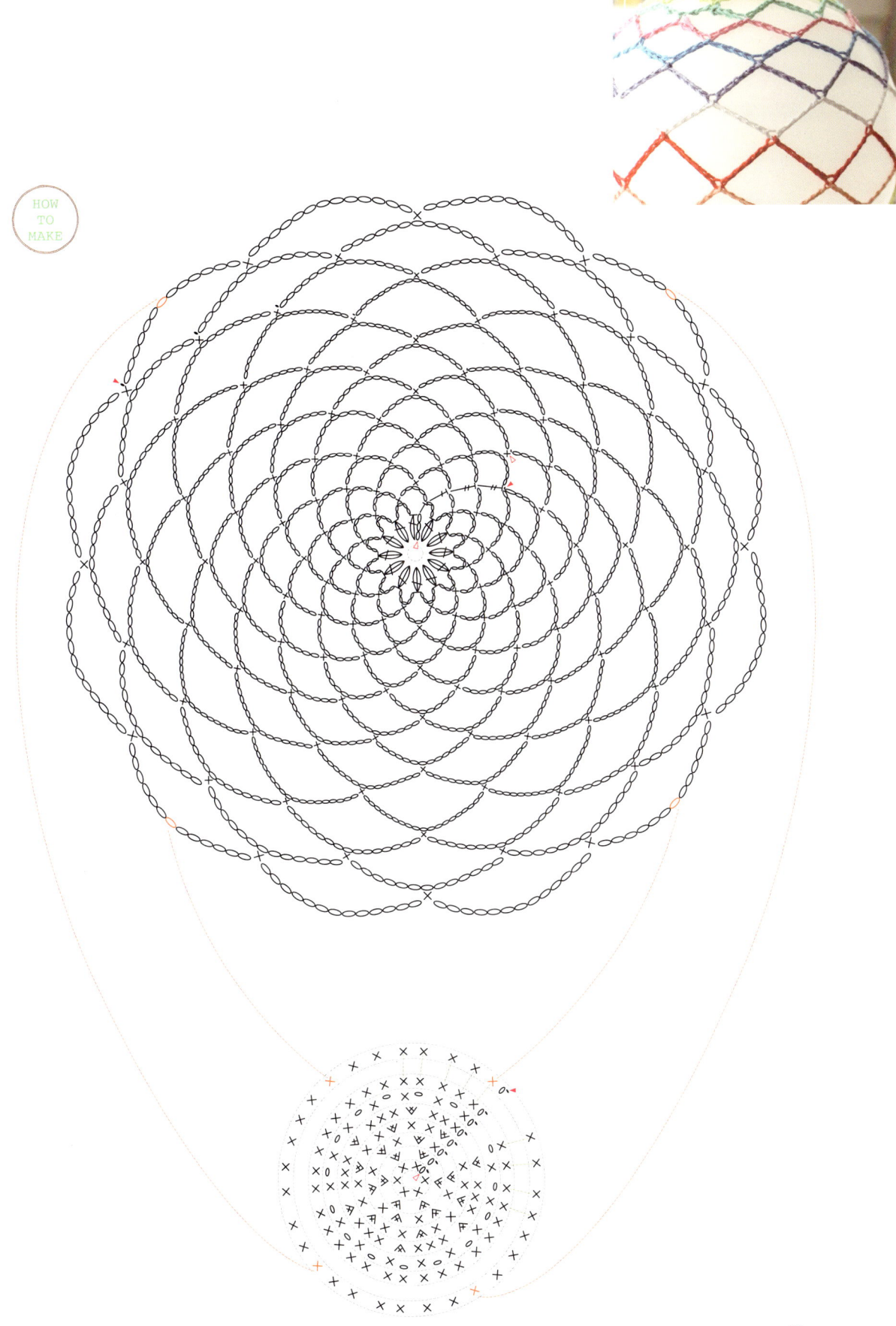

3단 나무쿠션(위)

코바늘 호수 : 3호

나무쿠션 위와 아랫부분이 완성되면 솜을 넣어 형태를 만들고,
돗바늘로 윗부분 마지막 단과 아랫부분 마지막 단을 연결해줍니다.

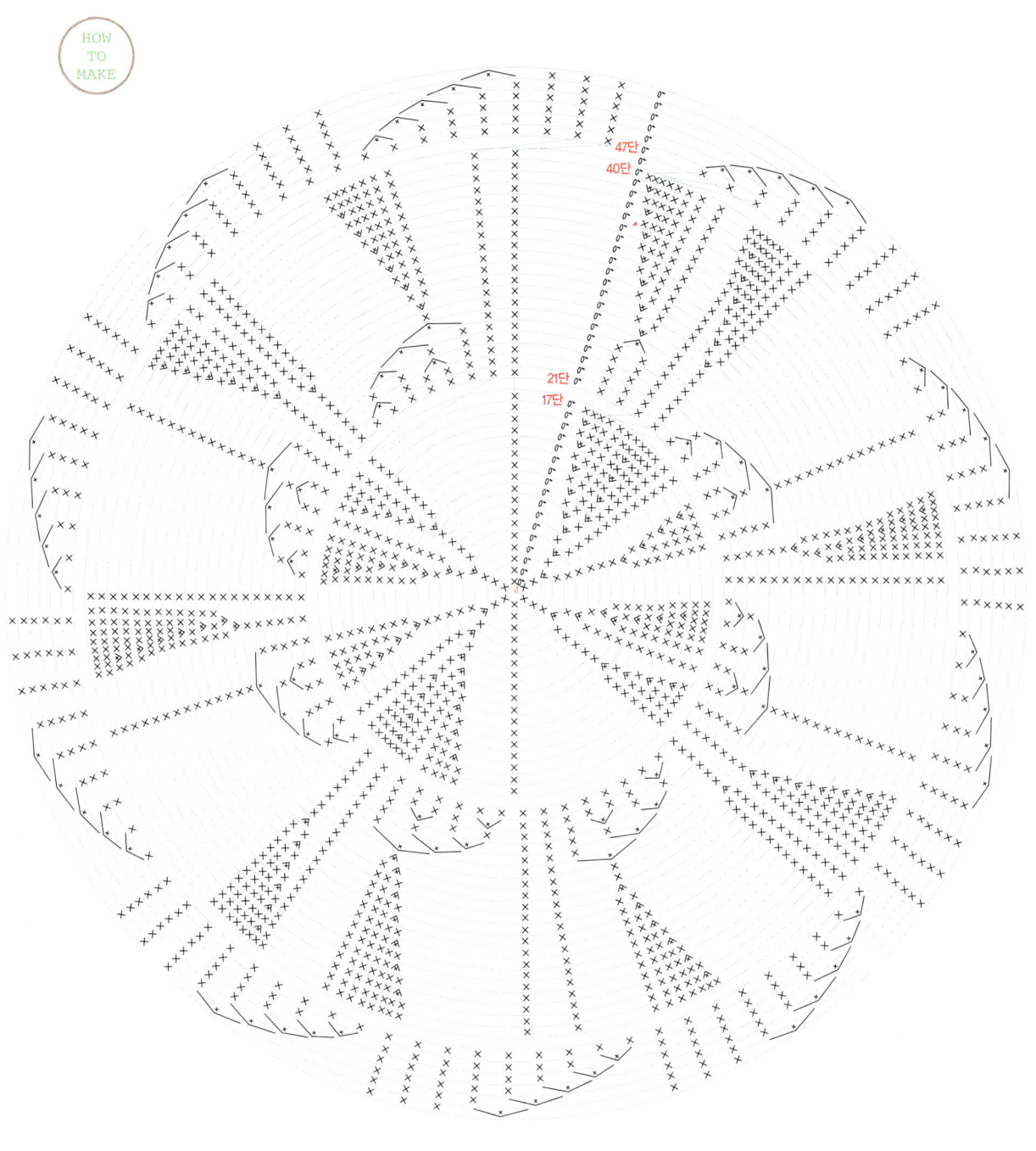

47단
40단

21단
17단

1단 : 6코 = 짧은뜨기 6개

2단 : 6코 = 짧은뜨기 6개

3단 : 8코 = (짧은뜨기 2개 + 한 코에 짧은뜨기 2개) × 2번 반복

4단 : 10코 = (짧은뜨기 3개 + 한 코에 짧은뜨기 2개) × 2번 반복

5단 : 12코 = (짧은뜨기 4개 + 한 코에 짧은뜨기 2개) × 2번 반복

6단 : 14코 = (짧은뜨기 5개 + 한 코에 짧은뜨기 2개) × 2번 반복

7단 : 16코 = (짧은뜨기 6개 + 한 코에 짧은뜨기 2개) × 2번 반복

8단 : 20코 = (짧은뜨기 3개 + 한 코에 짧은뜨기 2개) × 4번 반복

9단 : 25코 = (짧은뜨기 3개 + 한 코에 짧은뜨기 2개) × 5번 반복

10단 : 30코 = (짧은뜨기 4개 + 한 코에 짧은뜨기 2개) × 5번 반복

11단 : 35코 = (짧은뜨기 5개 + 한 코에 짧은뜨기 2개) × 5번 반복

12단 : 40코 = (짧은뜨기 6개 + 한 코에 짧은뜨기 2개) × 5번 반복

13단 : 45코 = (짧은뜨기 7개 + 한 코에 짧은뜨기 2개) × 5번 반복

14단 : 50코 = (짧은뜨기 8개 + 한 코에 짧은뜨기 2개) × 5번 반복

15단 : 55코 = (짧은뜨기 9개 + 한 코에 짧은뜨기 2개) × 5번 반복

16단 : 60코 = (짧은뜨기 10개 + 한 코에 짧은뜨기 2개) × 5번 반복

17단 : 60코 = 짧은뜨기 60개

18단 : 60코 = 짧은뜨기 60개

19단 : 60코 = 짧은뜨기 60개

20단 : 60코 = 짧은뜨기 60개

21단 : 60코 = 짧은뜨기 60개

22단 : 53코 = (짧은뜨기 6개 + 짧은모아뜨기 1개) × 7번 반복 + 짧은뜨기 4개

23단 : 46코 = (짧은뜨기 5개 + 짧은모아뜨기 1개) × 7번 반복 + 짧은뜨기 4개

24단 : 39코 = (짧은뜨기 4개 + 짧은모아뜨기 1개) × 7번 반복 + 짧은뜨기 4개

25단 : 32코 = (짧은뜨기 3개 + 짧은모아뜨기 1개) × 7번 반복 + 짧은뜨기 4개

26단 : 24코 = (짧은뜨기 2개 + 짧은모아뜨기 1개) × 8번 반복

27단 : 30코 = (짧은뜨기 3개 + 한 코에 짧은뜨기 2개) × 6번 반복

28단 : 35코 = (짧은뜨기 5개 + 한 코에 짧은뜨기 2개) × 5번 반복

29단 : 40코 = (짧은뜨기 6개 + 한코에 짧은뜨기 2개) × 5번 반복

30단 : 45코 = (짧은뜨기 7개 + 한 코에 짧은뜨기 2개) × 5번 반복

31단 : 50코 = (짧은뜨기 8개 + 한 코에 짧은뜨기 2개) × 5번 반복

32단 : 55코 = (짧은뜨기 9개 + 한 코에 짧은뜨기 2개) × 5번 반복

33단 : 60코 = (짧은뜨기 10개 + 한 코에 짧은뜨기 2개) × 5번 반복

34단 : 65코 = (짧은뜨기 11개 + 한 코에 짧은뜨기 2개) × 5번 반복

35단 : 70코 = (짧은뜨기 12개 + 한 코에 짧은뜨기 2개) × 5번 반복

36단 : 75코 = (짧은뜨기 13개 + 한 코에 짧은뜨기 2개) × 5번 반복

37단 : 80코 = (짧은뜨기 14개 + 한 코에 짧은뜨기 2개) × 5번 반복

38단 : 85코 = (짧은뜨기 15개 + 한 코에 짧은뜨기 2개) × 5번 반복

39단 : 90코 = (짧은뜨기 16개 + 한 코에 짧은뜨기 2개) × 5번 반복

40단 : 90코 = 짧은뜨기 90개

41단 : 90코 = 짧은뜨기 90개

42단 : 90코 = 짧은뜨기 90개

43단 : 90코 = 짧은뜨기 90개

44단 : 90코 = 짧은뜨기 90개

45단 : 90코 = 짧은뜨기 90개

46단 : 90코 = 짧은뜨기 90개

47단 : 90코 = 짧은뜨기 90개

48단 : 80코 = (짧은뜨기 7개 + 짧은모아뜨기 1개) × 10번 반복

49단 : 70코 = (짧은뜨기 6개 + 짧은모아뜨기 1개) × 10번 반복

50단 : 60코 = (짧은뜨기 5개 + 짧은모아뜨기 1개) × 10번 반복

51단 : 50코 = (짧은뜨기 4개 + 짧은모아뜨기 1개) × 10번 반복

52단 : 40코 = (짧은뜨기 3개 + 짧은모아뜨기 1개) × 10번 반복

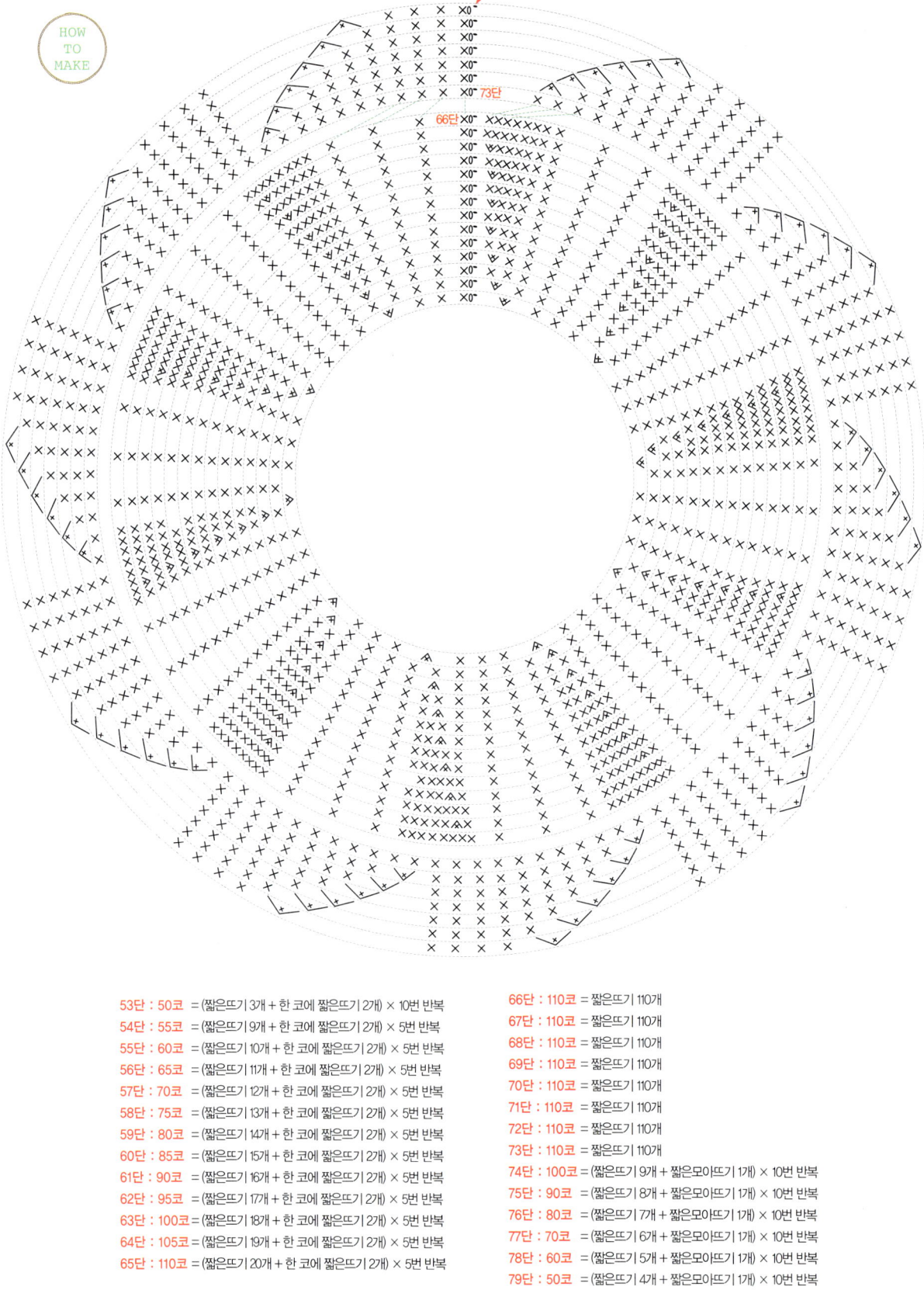

73단

66단

53단 : 50코 = (짧은뜨기 3개 + 한 코에 짧은뜨기 2개) × 10번 반복
54단 : 55코 = (짧은뜨기 9개 + 한 코에 짧은뜨기 2개) × 5번 반복
55단 : 60코 = (짧은뜨기 10개 + 한 코에 짧은뜨기 2개) × 5번 반복
56단 : 65코 = (짧은뜨기 11개 + 한 코에 짧은뜨기 2개) × 5번 반복
57단 : 70코 = (짧은뜨기 12개 + 한 코에 짧은뜨기 2개) × 5번 반복
58단 : 75코 = (짧은뜨기 13개 + 한 코에 짧은뜨기 2개) × 5번 반복
59단 : 80코 = (짧은뜨기 14개 + 한 코에 짧은뜨기 2개) × 5번 반복
60단 : 85코 = (짧은뜨기 15개 + 한 코에 짧은뜨기 2개) × 5번 반복
61단 : 90코 = (짧은뜨기 16개 + 한 코에 짧은뜨기 2개) × 5번 반복
62단 : 95코 = (짧은뜨기 17개 + 한 코에 짧은뜨기 2개) × 5번 반복
63단 : 100코 = (짧은뜨기 18개 + 한 코에 짧은뜨기 2개) × 5번 반복
64단 : 105코 = (짧은뜨기 19개 + 한 코에 짧은뜨기 2개) × 5번 반복
65단 : 110코 = (짧은뜨기 20개 + 한 코에 짧은뜨기 2개) × 5번 반복

66단 : 110코 = 짧은뜨기 110개
67단 : 110코 = 짧은뜨기 110개
68단 : 110코 = 짧은뜨기 110개
69단 : 110코 = 짧은뜨기 110개
70단 : 110코 = 짧은뜨기 110개
71단 : 110코 = 짧은뜨기 110개
72단 : 110코 = 짧은뜨기 110개
73단 : 110코 = 짧은뜨기 110개
74단 : 100코 = (짧은뜨기 9개 + 짧은모아뜨기 1개) × 10번 반복
75단 : 90코 = (짧은뜨기 8개 + 짧은모아뜨기 1개) × 10번 반복
76단 : 80코 = (짧은뜨기 7개 + 짧은모아뜨기 1개) × 10번 반복
77단 : 70코 = (짧은뜨기 6개 + 짧은모아뜨기 1개) × 10번 반복
78단 : 60코 = (짧은뜨기 5개 + 짧은모아뜨기 1개) × 10번 반복
79단 : 50코 = (짧은뜨기 4개 + 짧은모아뜨기 1개) × 10번 반복

3단 나무쿠션(아래)

코바늘 호수 : 3호

나무쿠션 아랫부분이 완성되면 여유 있게 실을 남겨두고 자릅니다.

1단 : 6코 = 짧은뜨기 6개

2단 : 12코 = 한 코에 짧은뜨기 2개 × 6번 반복

3단 : 18코 = (짧은뜨기 1개 + 한 코에 짧은뜨기 2개) × 6번 반복

4단 : 24코 = (짧은뜨기 2개 + 한 코에 짧은뜨기 2개) × 6번 반복

5단 : 30코 = (짧은뜨기 3개 + 한 코에 짧은뜨기 2개) × 6번 반복

6단 : 35코 = (짧은뜨기 5개 + 한 코에 짧은뜨기 2개) × 5번 반복

7단 : 40코 = (짧은뜨기 6개 + 한 코에 짧은뜨기 2개) × 5번 반복

8단 : 45코 = (짧은뜨기 7개 + 한 코에 짧은뜨기 2개) × 5번 반복

9단 : 50코 = (짧은뜨기 8개 + 한 코에 짧은뜨기 2개) × 5번 반복

10단 : 50코 = (짧은뜨기 1개 + 사슬뜨기 1개) × 25번 반복

11단 : 50코 = 짧은뜨기 50개

~

17단 : 50코 = 짧은뜨기 50개

HOW TO MAKE

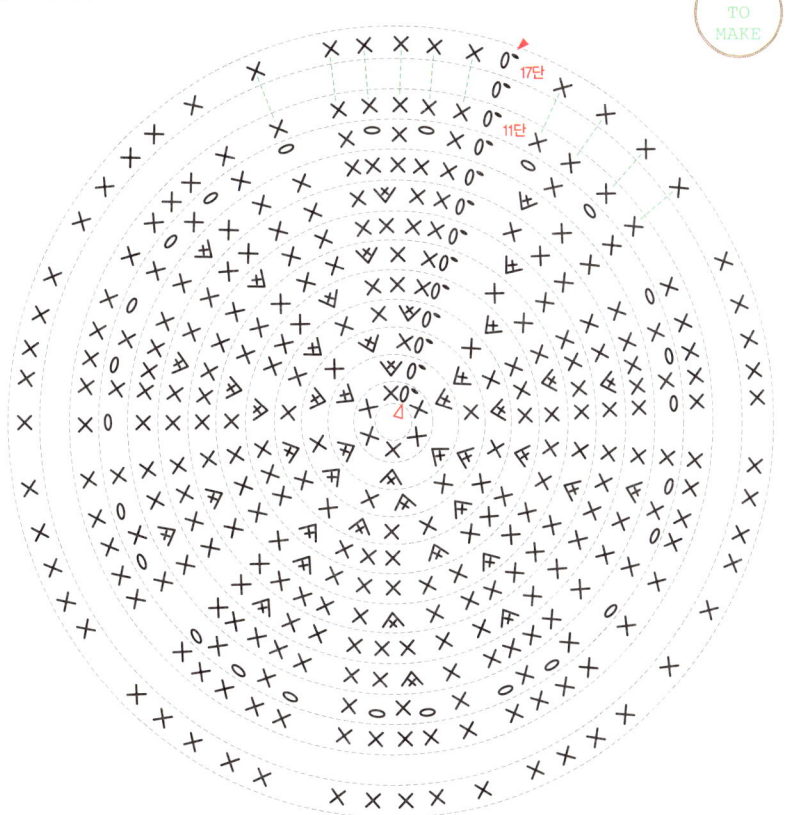

물결무늬 손뜨개 액자

코바늘 호수 : 3호

사슬뜨기로 시작합니다.

12코가 같은 뜨기로 반복되므로 처음 사슬뜨기 코수는 12배수로 떠줍니다.

원하는 사이즈만큼 단수를 올려 반복하여 떠줍니다.

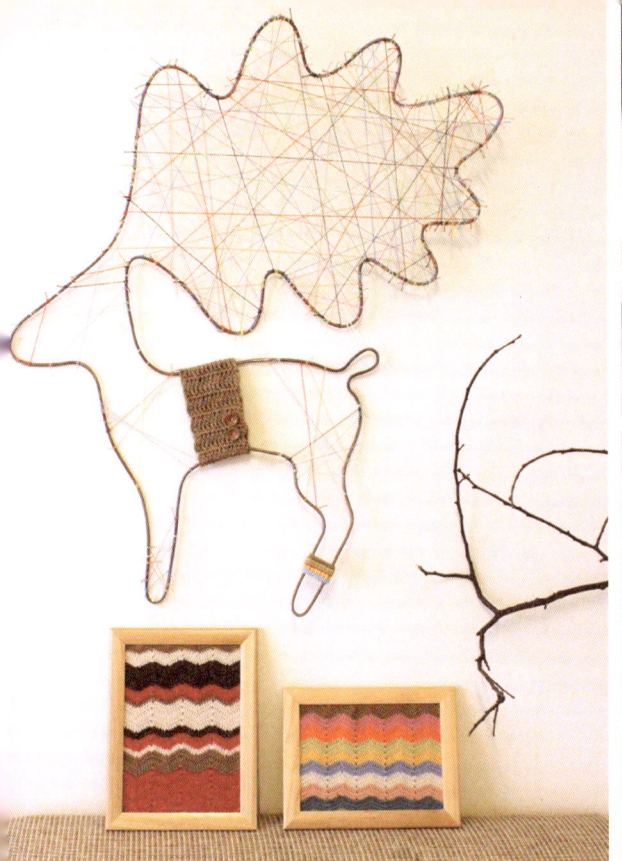

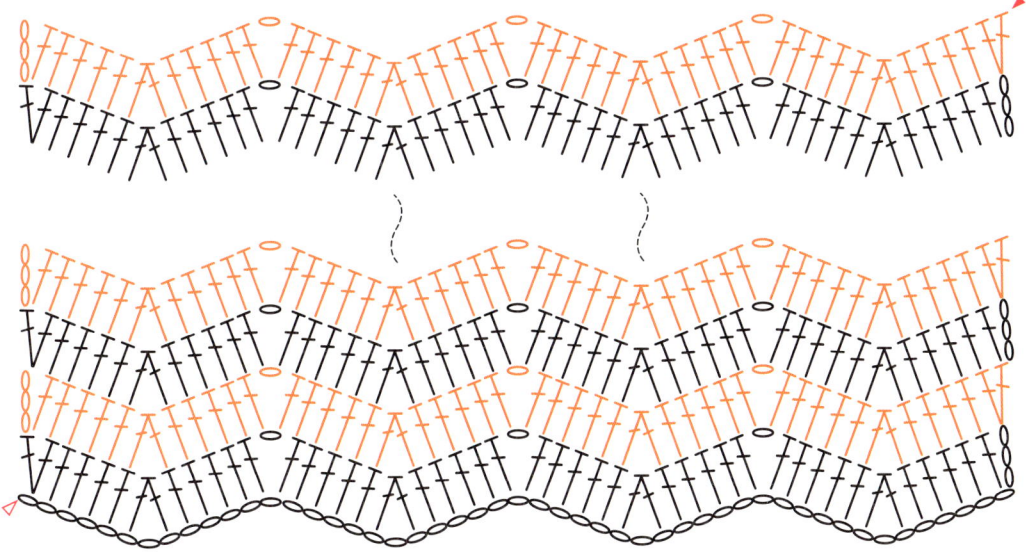

참치캔 커버 코바늘 호수 : 3호

참치캔에 커버를 씌울 때에는 자연스럽게 고정이 되지 않으므로,
안쪽에 실리콘 등을 발라 고정시킨 후 완성해주세요.

9단

5단

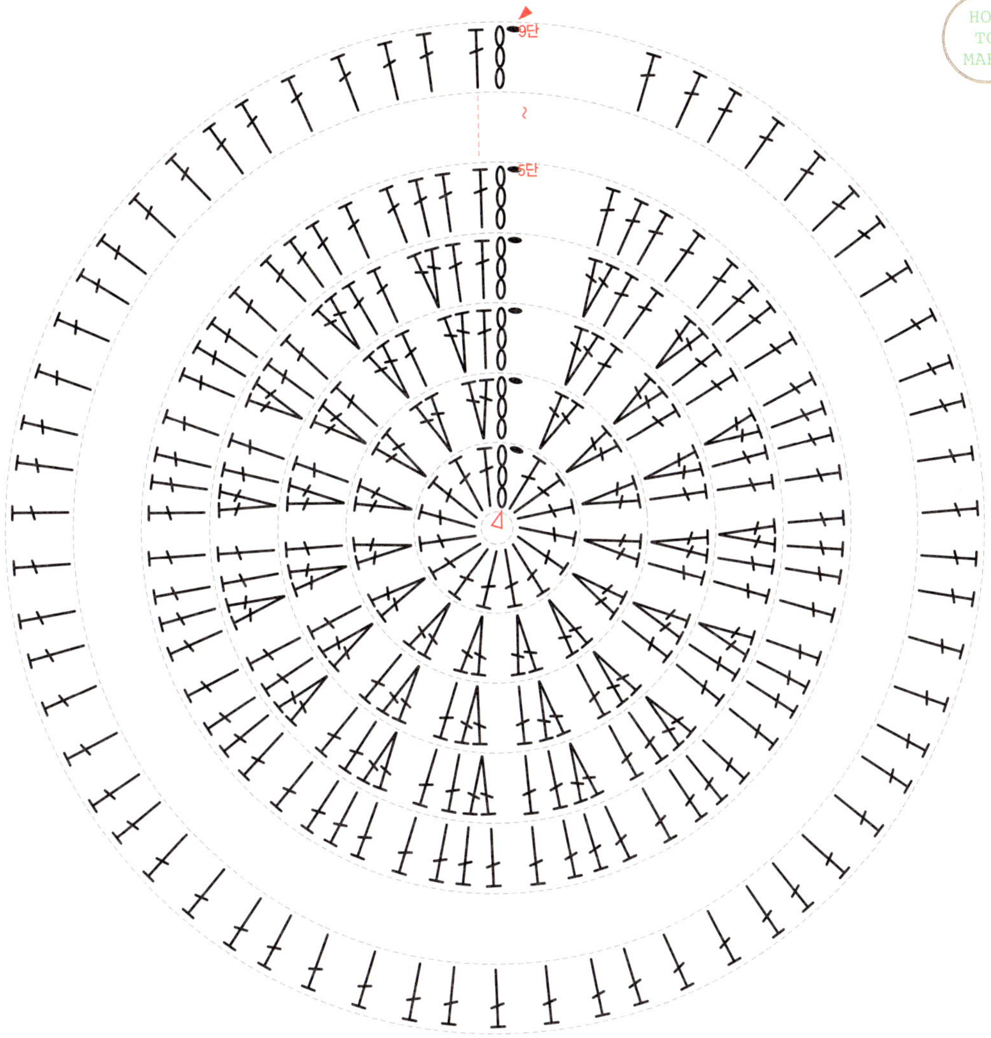

1단 : 15코 = 한길긴뜨기 15개
2단 : 30코 = (한 코에 한길긴뜨기 2개) × 15 번 반복
3단 : 45코 = (한길긴뜨기 1개 + 한 코에 한길긴뜨기 2개) × 15번 반복
4단 : 60코 = (한길긴뜨기 2개 + 한 코에 한길긴뜨기 2개) × 15번 반복
5단 : 60코 = 한길긴뜨기 60개
6단 : 60코 = 한길긴뜨기 60개
7단 : 60코 = 한길긴뜨기 60개
8단 : 60코 = 한길긴뜨기 60개
9단 : 60코 = 한길긴뜨기 60개

물방울

코바늘 호수 : 3호

21페이지 구름 모빌의 물방울 도안과 동일합니다. 단 코바늘은 3호를 사용합니다.

원형 모티브

코바늘 호수 : 3호

46페이지 '와이어 & 손뜨개 나무 소품'의
화분커버 도안과 동일합니다.
단 코바늘은 3호를 사용합니다.

12 원목&손뜨개 액자

원형 모티브

코바늘 호수 : 1호

• 다양한 사이즈가 필요하므로 다음의 원형 모티브를 도안별로 여러 개 만들어줍니다.
• 내추럴한 연출을 위해 마지막 단 빼뜨기 후 실은 일정 길이를 남겨두고 잘라줍니다.
  (별도의 마무리 작업은 필요하지 않습니다.)

HOW
TO
MAKE

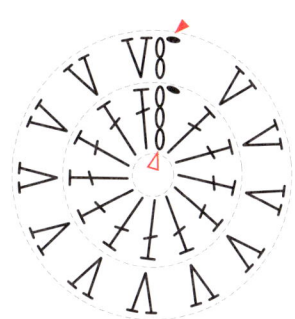

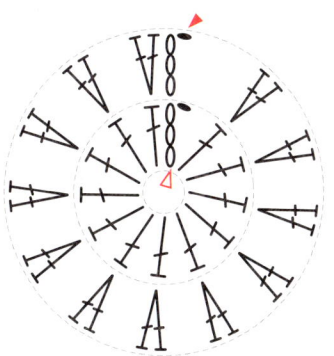

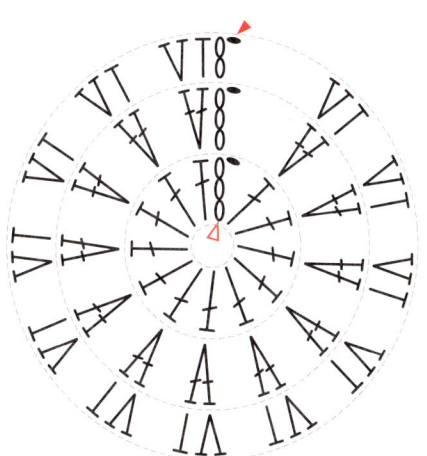

와이어 나무

HOW TO MAKE

공예용 와이어 철사

다음 도안을 따라 와이어를 구부려
나무 모양을 만들어줍니다.

원목 액자

원목 사이즈 : 20 x 20cm
원목 두께 : 18mm
원목의 가장자리 2cm를 남겨두고 마스킹 테이프를 붙인 다음,
물감으로 테두리를 칠해주고 마스킹 테이프를 떼어내면
깔끔하게 액자 프레임이 만들어집니다.

 **13** 손뜨개 화병

손뜨개 화병

코바늘 호수 : 7–8호

빈 플라스틱병을 손뜨개 화병 안에 넣고 꽃이나 나뭇가지를 꽂아줍니다.

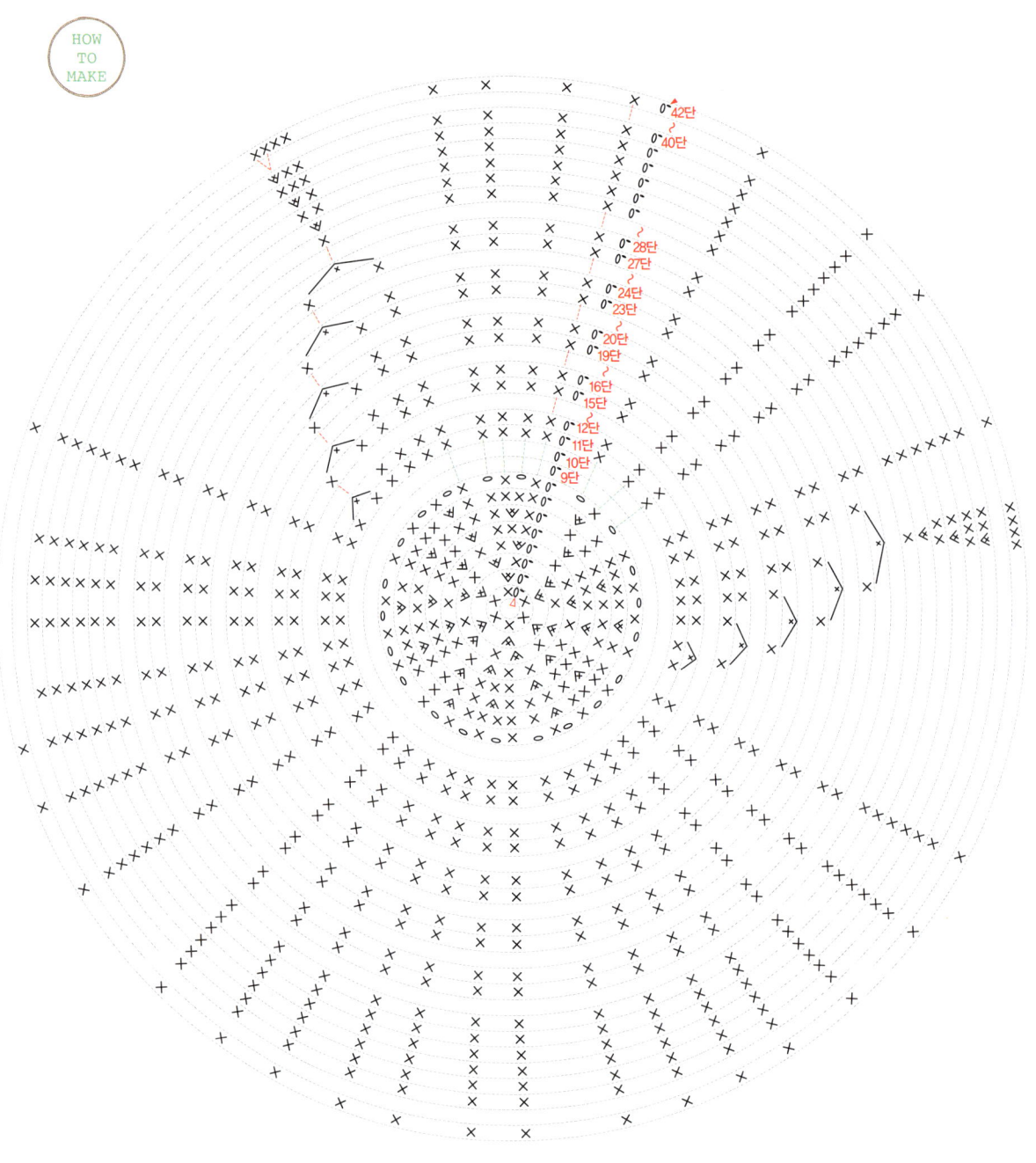

42단
40단

28단
27단

24단
23단

20단
19단

16단
15단

12단
11단
10단
9단

1단 : 6코 = 짧은뜨기 6개
2단 : 12코 = 한 코에 짧은뜨기 2개 × 6번 반복
3단 : 18코 = (짧은뜨기 1개 + 한 코에 짧은뜨기 2개) × 6번 반복
4단 : 24코 = (짧은뜨기 2개 + 한 코에 짧은뜨기 2개) × 6번 반복
5단 : 30코 = (짧은뜨기 3개 + 한 코에 짧은뜨기 2개) × 6번 반복
6단 : 36코 = (짧은뜨기 4개 + 한 코에 짧은뜨기 2개) × 6번 반복
7단 : 42코 = (짧은뜨기 5개 + 한 코에 짧은뜨기 2개) × 6번 반복
8단 : 42코 = (짧은뜨기 1개 + 사슬뜨기 1개) × 21번 반복
9단 : 42코 = 짧은뜨기 42개
10단 : 42코 = 짧은뜨기 42개
11단 : 42코 = 짧은뜨기 42개
12단 : 40코 = 짧은뜨기 8개 + 짧은모아뜨기 1개 + 짧은뜨기 22개 + 짧은모아뜨기 1개 + 짧은뜨기 8개
13단 : 40코 = 짧은뜨기 40개
14단 : 40코 = 짧은뜨기 40개
15단 : 40코 = 짧은뜨기 40개
16단 : 38코 = 짧은뜨기 7개 + 짧은모아뜨기 1개 + 짧은뜨기 22개 + 짧은모아뜨기 1개 + 짧은뜨기 7개
17단 : 38코 = 짧은뜨기 38개
18단 : 38코 = 짧은뜨기 38개
19단 : 38코 = 짧은뜨기 38개
20단 : 36코 = 짧은뜨기 6개 + 짧은모아뜨기 1개 + 짧은뜨기 22개 + 짧은모아뜨기 1개 + 짧은뜨기 6개
21단 : 36코 = 짧은뜨기 36개
22단 : 36코 = 짧은뜨기 36개
23단 : 36코 = 짧은뜨기 36개
24단 : 34코 = 짧은뜨기 5개 + 짧은모아뜨기 1개 + 짧은뜨기 22개 + 짧은모아뜨기 1개 + 짧은뜨기 5개

25단 : 34코 = 짧은뜨기 34개
26단 : 34코 = 짧은뜨기 34개
27단 : 34코 = 짧은뜨기 34개
28단 : 32코 = 짧은뜨기 4개 + 짧은모아뜨기 1개 + 짧은뜨기 22개 + 짧은모아뜨기 1개 + 짧은뜨기 4개
29단 : 32코 = 짧은뜨기 32개
30단 : 32코 = 짧은뜨기 32개
31단 : 32코 = 짧은뜨기 32개
32단 : 32코 = 짧은뜨기 32개
33단 : 32코 = 짧은뜨기 32개
34단 : 32코 = 짧은뜨기 32개
35단 : 32코 = 짧은뜨기 32개
36단 : 34코 = 짧은뜨기 4개 + 한 코에 짧은뜨기 2개 + 짧은뜨기 22개 + 한 코에 짧은뜨기 2개 + 짧은뜨기 4개
37단 : 34코 = 짧은뜨기 34개
38단 : 36코 = 짧은뜨기 5개 + 한 코에 짧은뜨기 2개 + 짧은뜨기 22개 + 한 코에 짧은뜨기 2개 + 짧은뜨기 5개
39단 : 36코 = 짧은뜨기 36개
40단 : 38코 = 짧은뜨기 6개 + 한 코에 짧은뜨기 2개 + 짧은뜨기 22개 + 한 코에 짧은뜨기 2개 + 짧은뜨기 6개
41단 : 38코 = 짧은뜨기 38개
42단 : 38코 = 짧은뜨기 38개

원형 스탠드 커버

원형 스탠드 커버(옆면)

코바늘 호수 : 5-6호

원형 상자 사이즈 : 20 x 20 x 11cm

스탠드 커버로 쓰고자 하는 상자의 둘레 길이만큼
사슬뜨기를 떠 1단을 만들어줍니다.
단의 끝과 끝을 연결한 후 다음 단으로
올라가기 때문에 원통형의 모양이 완성됩니다.

HOW
TO
MAKE

1단 : 130코 = 사슬뜨기 130개

2번째 단에서 한길긴뜨기 4코+사슬뜨기 1코 = 총 5코가 반복되므로
사슬뜨기의 코수는 5의 배수코로 제작하는 것이 좋습니다.

2단 : 130코 = (한길긴뜨기 4코 + 사슬뜨기 1코) × 반복

3단 : 130코 = (사슬뜨기 4코 + 짧은뜨기 1코) × 반복

4단 ~ 마지막 단 = 130코

2~3단의 순서를 반복하여 스탠드 커버로 쓰고자 하는 상자의 높이만큼 떠줍니다.

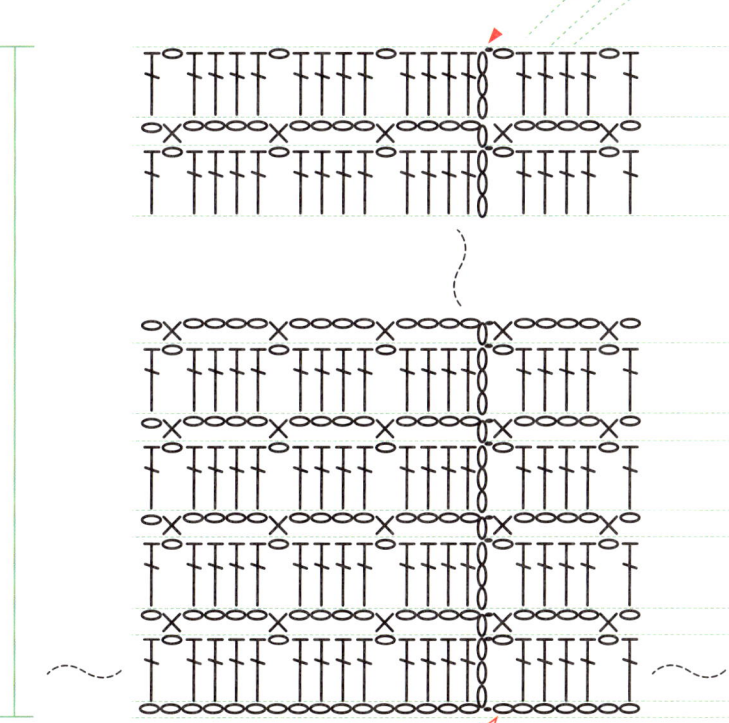

원형 스탠드 커버(윗면)

코바늘 호수 : 5-6호

원형 상자 사이즈 : 20 x 20 x 11cm

커버 윗면의 마지막 단 코수는 커버(옆면)의
코수와 동일하게 130코로 맞춰줍니다.
스탠드 커버로 쓰고자 하는 상자의 사이즈로 만든 다음
옆면 커버와 겹쳐 한 코씩 같이 짧은뜨기로 떠준 후,
상자에 씌우면 완성입니다.

1단 : 21코

2단 : 36코

3단 : 48코 = (한길긴뜨기 2개 + 한 코에 한길긴뜨기 2개) × 12번 반복

4단 : 60코 = (한길긴뜨기 3개 + 한 코에 한길긴뜨기 2개) × 12번 반복

5단 : 72코 = (한길긴뜨기 4개 + 한 코에 한길긴뜨기 2개) × 12번 반복

6단 : 84코 = (한길긴뜨기 5개 + 한 코에 한길긴뜨기 2개) × 12번 반복

7단 : 96코 = (한길긴뜨기 6개 + 한 코에 한길긴뜨기 2개) × 12번 반복

8단 : 108코 = (한길긴뜨기 7개 + 한 코에 한길긴뜨기 2개) × 12번 반복

9단 : 120코 = (한길긴뜨기 8개 + 한 코에 한길긴뜨기 2개) × 12번 반복

10단 : 130코 = (한길긴뜨기 9개 + 한 코에 한길긴뜨기 2개) × 10번 반복 + 한길긴뜨기 20개

HOW TO MAKE

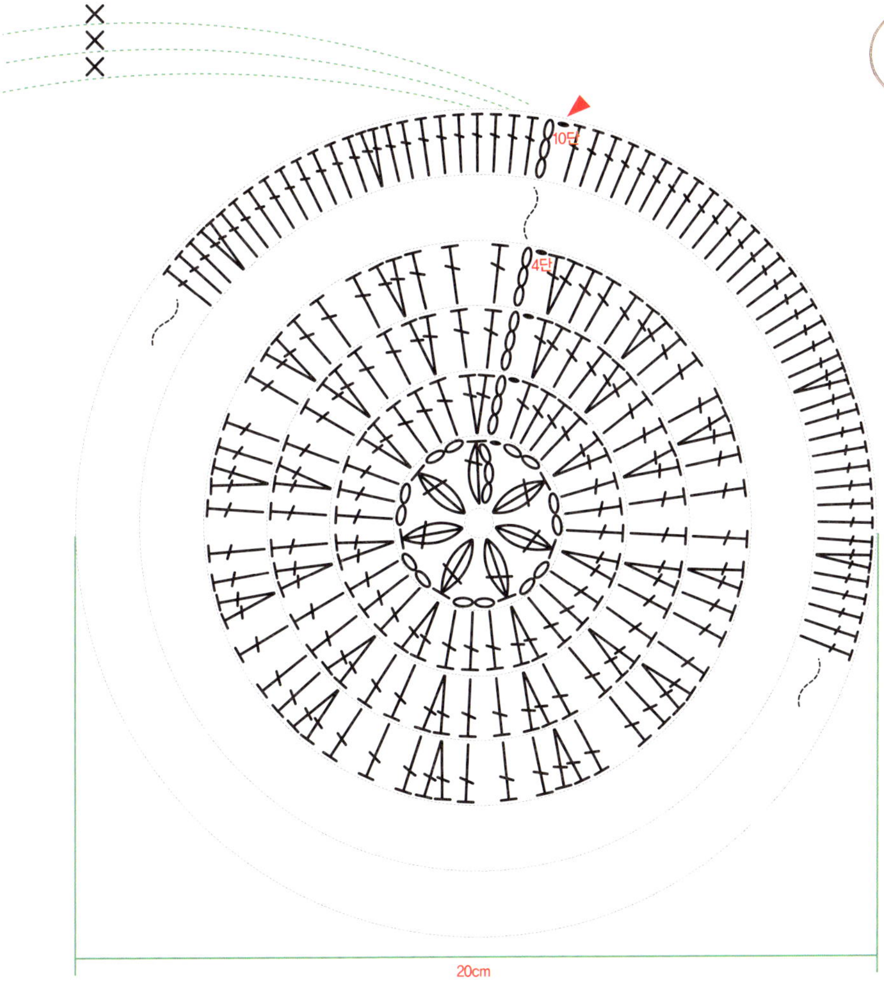

10단

4단

20cm

15 깔때기 재활용 조명

원형 모티브

코바늘 호수 : 3호

원형 모티브 총 56개

원형 모티브 1개가 완성되면 두 번째 모티브를 만듭니다. 두 번째 모티브의
마지막 단에서 파란색으로 표시된 부분은 먼저 완성된 모티브의 파란색 표시된 부분에
같이 짧은뜨기를 해 이어줍니다. 이런 식으로 왼쪽에서 오른쪽으로 모티브 8개를 이어줍니다.
한 단이 끝나면 다음 단도 같은 방식으로 모티브를 이어줍니다.

HOW TO MAKE

1단 : 6코　= 짧은뜨기 6개

2단 : 12코 = 한 코에 짧은뜨기 2개 × 6번 반복

3단 : 18코 = (짧은뜨기 1개 + 한 코에 짧은뜨기 2개) × 6번 반복

4단 : 24코 = (짧은뜨기 2개 + 한 코에 짧은뜨기 2개) × 6번 반복

5단 : 30코 = (짧은뜨기 3개 + 한 코에 짧은뜨기 2개) × 6번 반복

6단 : 36코 = (짧은뜨기 4개 + 한 코에 짧은뜨기 2개) × 6번 반복

7단 : 42코 = (짧은뜨기 5개 + 한 코에 짧은뜨기 2개) × 6번 반복

8단 : 48코 = (짧은뜨기 6개 + 한 코에 짧은뜨기 2개) × 6번 반복

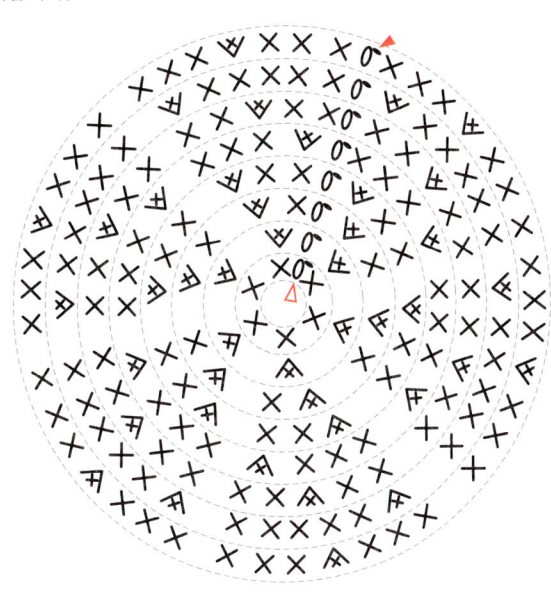

스탠드 상단

코바늘 호수 : 3호

1단 : 12코 = 한길긴뜨기 12개
2단 : 24코 = 한 코에 한길긴뜨기 2개 × 12번 반복
3단 : 36코 = (한길긴뜨기 1개 + 한 코에 한길긴뜨기 2개) × 12번 반복
4단 : 48코 = (한길긴뜨기 2개 + 한 코에 한길긴뜨기 2개) × 12번 반복
5단 : 60코 = (한길긴뜨기 3개 + 한 코에 한길긴뜨기 2개) × 12번 반복
6단 : 72코 = (한길긴뜨기 4개 + 한 코에 한길긴뜨기 2개) × 12번 반복
7단 : 84코 = (한길긴뜨기 5개 + 한 코에 한길긴뜨기 2개) × 12번 반복
8단 : 96코 = (한길긴뜨기 6개 + 한 코에 한길긴뜨기 2개) × 12번 반복
9단 : 108코 = (한길긴뜨기 7개 + 한 코에 한길긴뜨기 2개) × 12번 반복

HOW
TO
MAKE

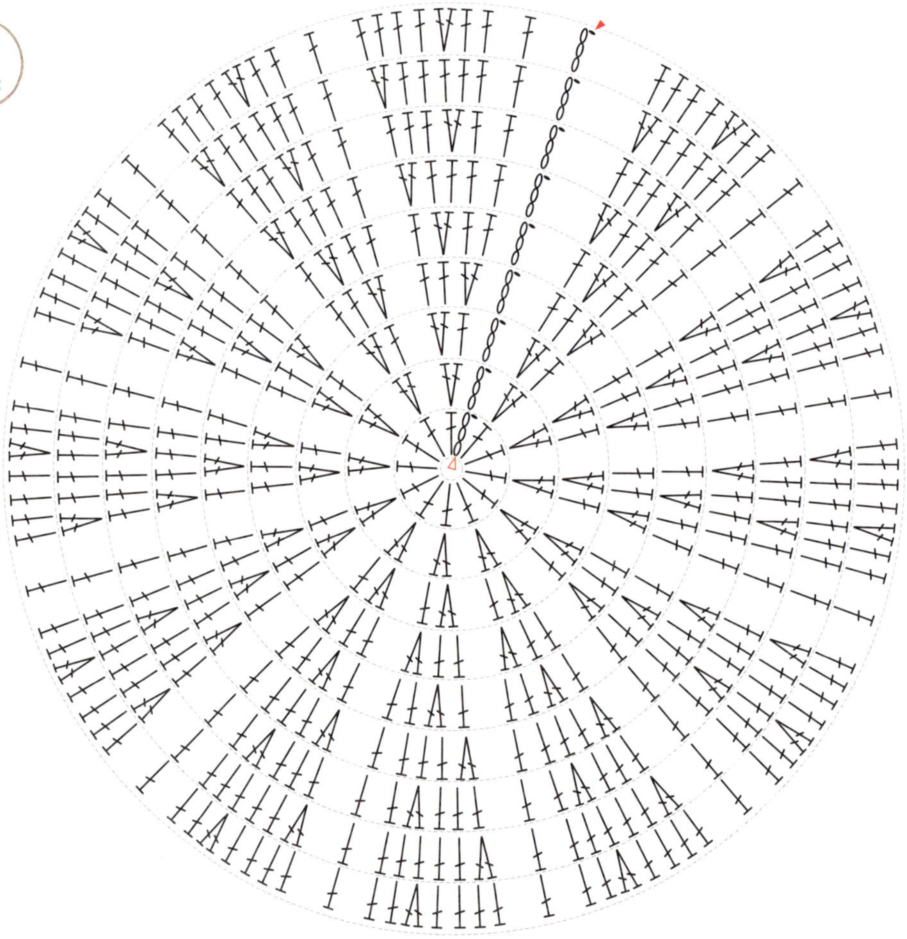

6단

7단

깔때기

4개

사이즈: 13 x 35cm

- 깔때기의 좁은 부분을 잘라 맞물리게 끼워줍니다.
- 깔때기 2단과 3단 사이에 전구를 넣고 깔때기가
  형태를 유지할 수 있도록 실리콘으로 고정시켜 줍니다.

16 크리스마스 오너먼트-눈사람

눈사람 (위)

코바늘 호수 : 3호

눈사람의 위, 아랫단을 각각 만들어준 다음 솜을 넣고 돗바늘로 마지막 단끼리 이어줍니다.

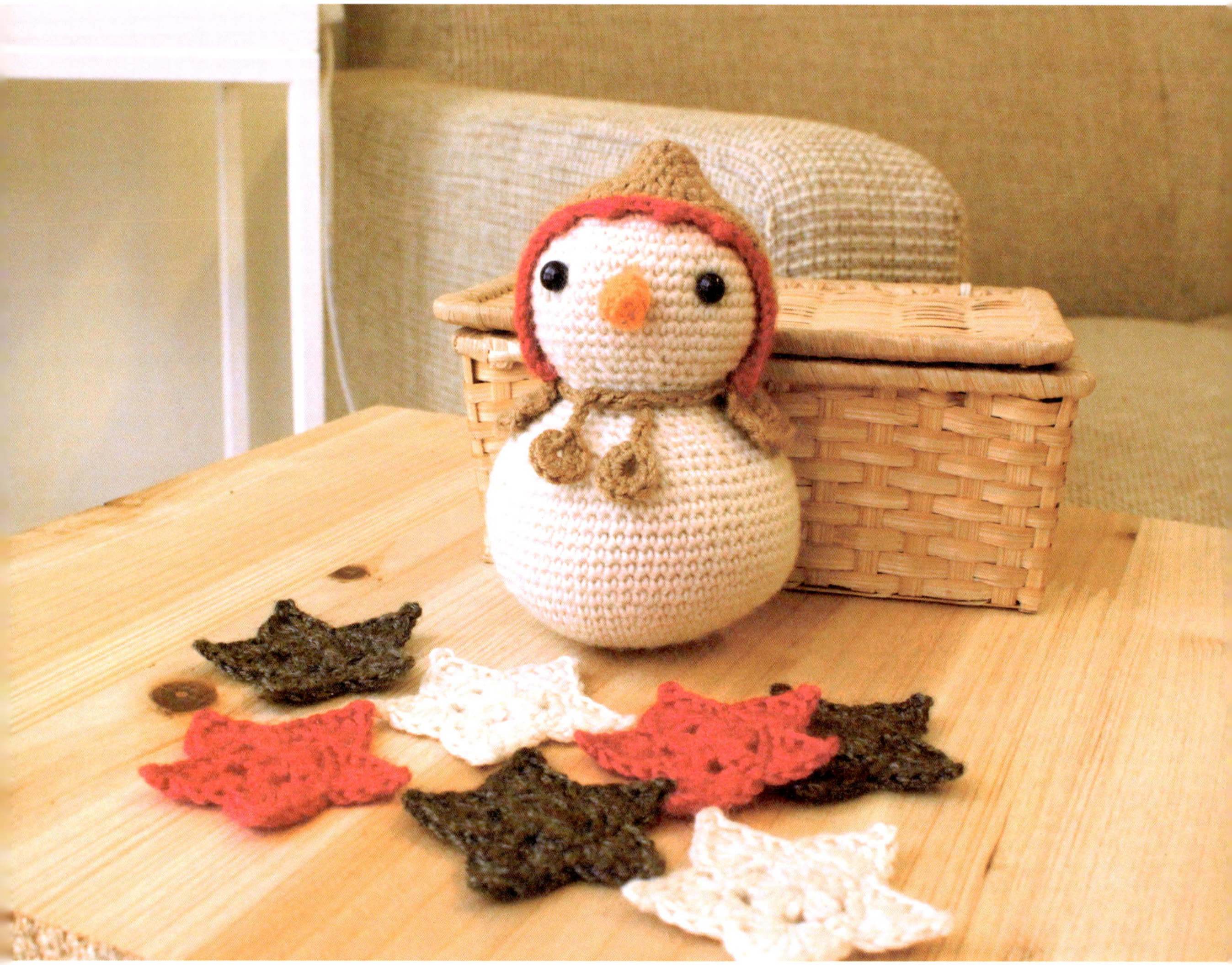

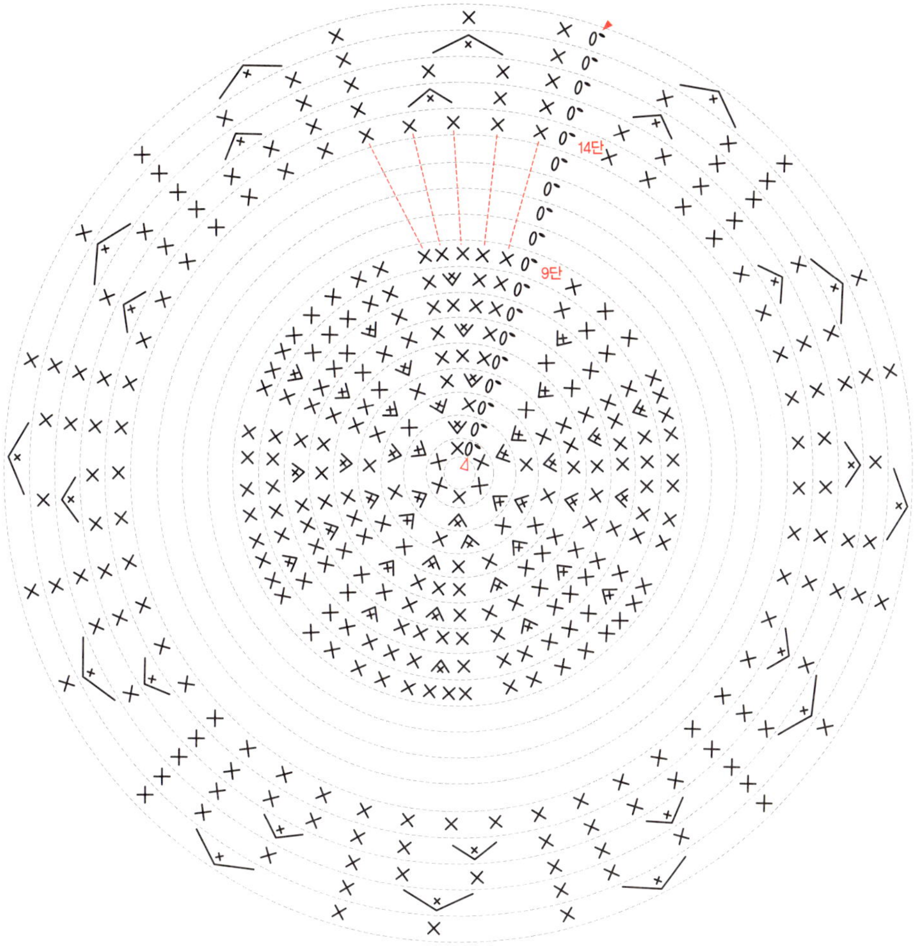

14단

9단

1단 : 6코　 = 짧은뜨기 6개
2단 : 12코　 = 한코에 짧은뜨기 2개 × 6번 반복
3단 : 18코　 = (짧은뜨기 1개 + 한 코에 짧은뜨기 2개) × 6번 반복
4단 : 24코　 = (짧은뜨기 2개 + 한 코에 짧은뜨기 2개) × 6번 반복
5단 : 30코　 = (짧은뜨기 3개 + 한 코에 짧은뜨기 2개) × 6번 반복
6단 : 36코　 = (짧은뜨기 4개 + 한 코에 짧은뜨기 2개) × 6번 반복
7단 : 42코　 = (짧은뜨기 5개 + 한 코에 짧은뜨기 2개) × 6번 반복
8단 : 48코　 = (짧은뜨기 6개 + 한 코에 짧은뜨기 2개) × 6번 반복
9단 : 48코　 = 짧은뜨기 48개
10단 : 48코　 = 짧은뜨기 48개
11단 : 48코　 = 짧은뜨기 48개
12단 : 48코　 = 짧은뜨기 48개
13단 : 48코　 = 짧은뜨기 48개
14단 : 48코　 = 짧은뜨기 48개
15단 : 42코　 = (짧은뜨기 6개 + 짧은모아뜨기 1개) × 6번 반복
16단 : 36코　 = (짧은뜨기 5개 + 짧은모아뜨기 1개) × 6번 반복
17단 : 30코　 = (짧은뜨기 4개 + 짧은모아뜨기 1개) × 6번 반복
18단 : 24코　 = (짧은뜨기 3개 + 짧은모아뜨기 1개) × 6번 반복

83

눈사람 (아래)

코바늘 호수 : 3호

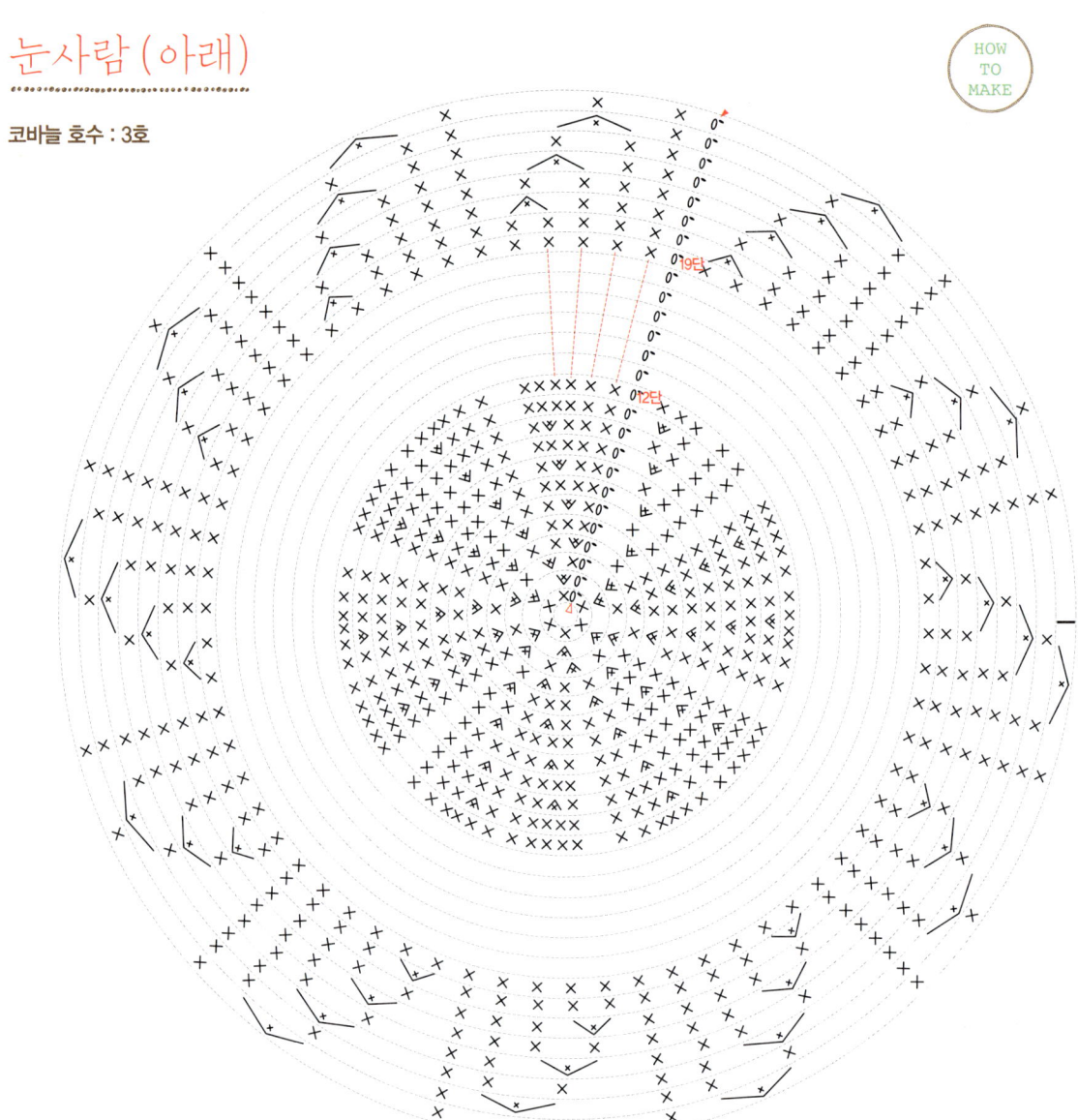

19단

12단

1단 : 6코 = 짧은뜨기 6개
2단 : 12코 = 한 코에 짧은뜨기 2개 × 6번 반복
3단 : 18코 = (짧은뜨기 1개 + 한 코에 짧은뜨기 2개) × 6번 반복
4단 : 24코 = (짧은뜨기 2개 + 한 코에 짧은뜨기 2개) × 6번 반복
5단 : 30코 = (짧은뜨기 3개 + 한 코에 짧은뜨기 2개) × 6번 반복
6단 : 36코 = (짧은뜨기 4개 + 한 코에 짧은뜨기 2개) × 6번 반복
7단 : 42코 = (짧은뜨기 5개 + 한 코에 짧은뜨기 2개) × 6번 반복
8단 : 48코 = (짧은뜨기 6개 + 한 코에 짧은뜨기 2개) × 6번 반복
9단 : 54코 = (짧은뜨기 7개 + 한 코에 짧은뜨기 2개) × 6번 반복
10단 : 60코 = (짧은뜨기 8개 + 한 코에 짧은뜨기 2개) × 6번 반복
11단 : 66코 = (짧은뜨기 9개 + 한 코에 짧은뜨기 2개) × 6번 반복
12단 : 66코 = 짧은뜨기 66개
13단 : 66코 = 짧은뜨기 66개

14단 : 66코 = 짧은뜨기 66개
15단 : 66코 = 짧은뜨기 66개
16단 : 66코 = 짧은뜨기 66개
17단 : 66코 = 짧은뜨기 66개
18단 : 66코 = 짧은뜨기 66개
19단 : 66코 = 짧은뜨기 66개
20단 : 60코 = (짧은뜨기 9개 + 짧은모아뜨기 1개) × 6번 반복
21단 : 54코 = (짧은뜨기 8개 + 짧은모아뜨기 1개) × 6번 반복
22단 : 48코 = (짧은뜨기 7개 + 짧은모아뜨기 1개) × 6번 반복
23단 : 42코 = (짧은뜨기 6개 + 짧은모아뜨기 1개) × 6번 반복
24단 : 36코 = (짧은뜨기 5개 + 짧은모아뜨기 1개) × 6번 반복
25단 : 30코 = (짧은뜨기 4개 + 짧은모아뜨기 1개) × 6번 반복
26단 : 24코 = (짧은뜨기 3개 + 짧은모아뜨기 1개) × 6번 반복

눈사람 (모자)

코바늘 호수 : 3호

원형뜨기로 시작합니다.

7단까지 도안과 같이 원형뜨기로 떠주다가 8단부터는 단을 올려가며 일반뜨기로 떠줍니다.
(1~7단까지는 모자의 윗부분이고, 8~14단까지는 모자에서 빈 공간을 만들어
눈사람이 얼굴이 보일 수 있게 하는 부분입니다. 15~18단까지는 어깨 망토 부분입니다.)
18단까지 완성되면 빨간색으로 표시된 부분에 사슬뜨기와 피코뜨기로
눈사람의 얼굴이 보이는 라인에 컬러 포인트를 줍니다.

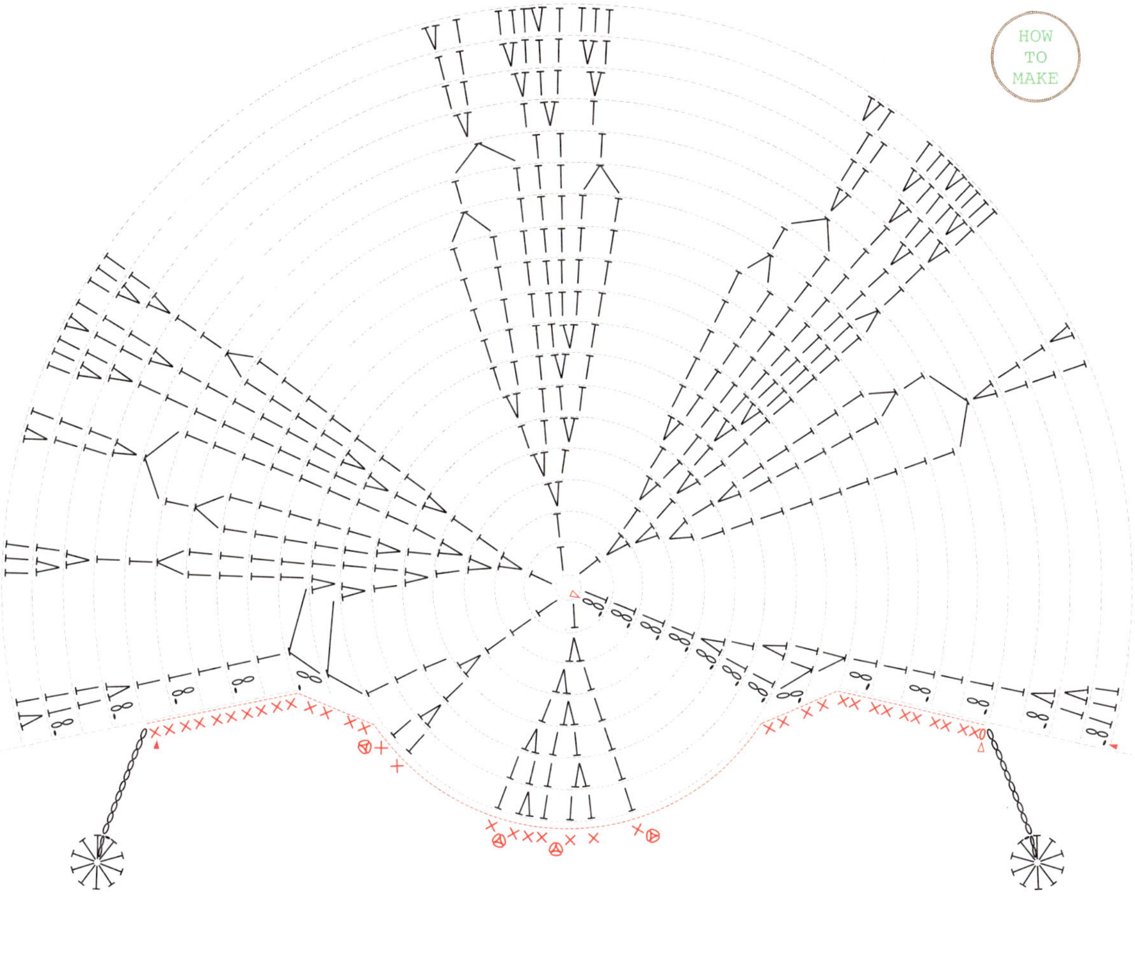

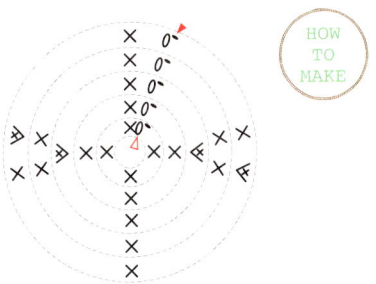

HOW
TO
MAKE

눈사람 (코)

코바늘 호수 : 3호

HOW
TO
MAKE

17 크리스마스 오너먼트-루돌프

루돌프(몸)

코바늘 호수 : 3호

30번째 단에서 솜을 넣은 후 36단까지 마무리합니다.

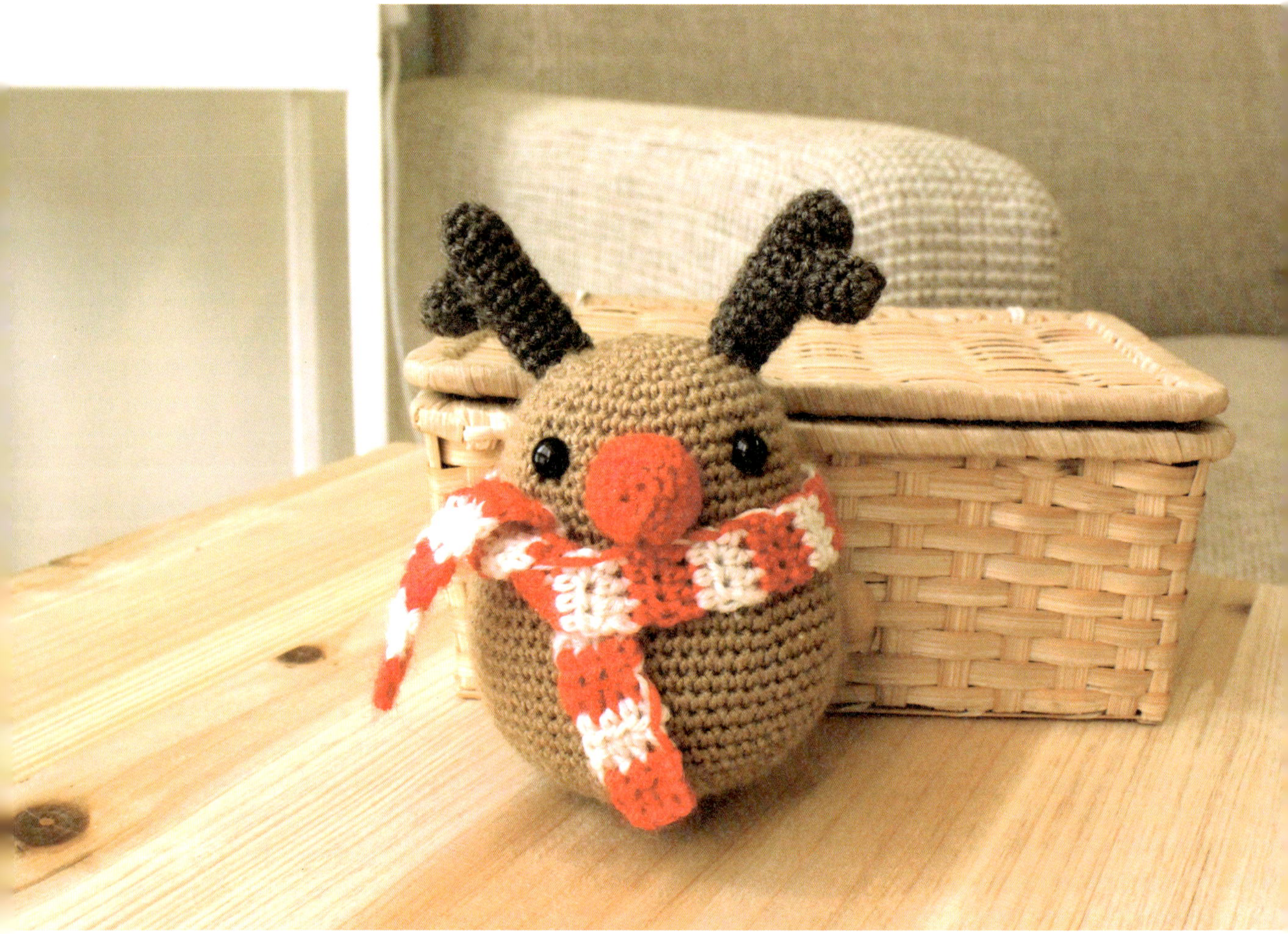

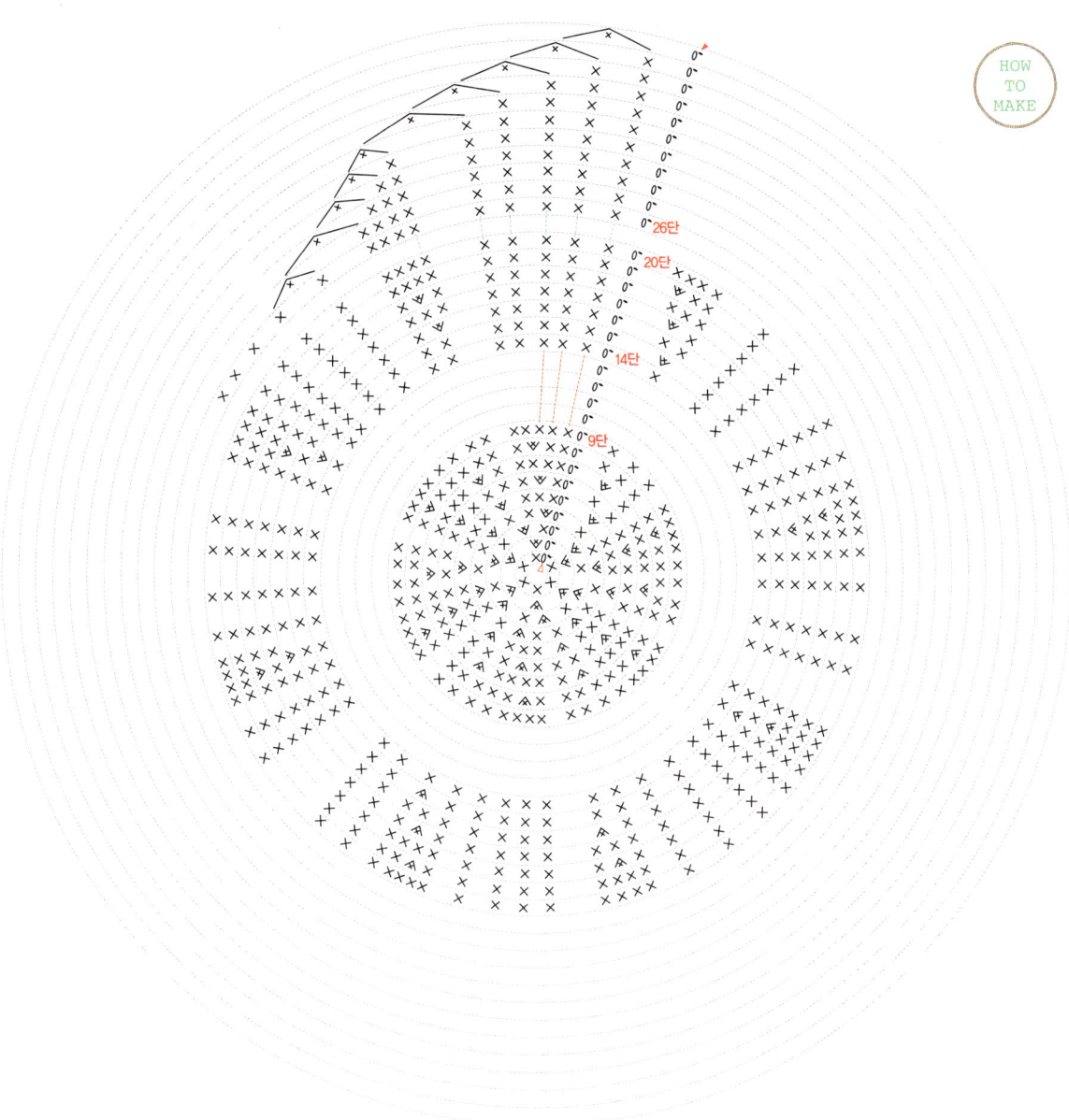

1단 : 6코 　　= 짧은뜨기 6개
2단 : 12코 　= 한 코에 짧은뜨기 2개 × 6번 반복
3단 : 18코 　= (짧은뜨기 1개 + 한 코에 짧은뜨기 2개) × 6번 반복
4단 : 24코 　= (짧은뜨기 2개 + 한 코에 짧은뜨기 2개) × 6번 반복
5단 : 30코 　= (짧은뜨기 3개 + 한 코에 짧은뜨기 2개) × 6번 반복
6단 : 36코 　= (짧은뜨기 4개 + 한 코에 짧은뜨기 2개) × 6번 반복
7단 : 42코 　= (짧은뜨기 5개 + 한 코에 짧은뜨기 2개) × 6번 반복
8단 : 48코 　= (짧은뜨기 6개 + 한 코에 짧은뜨기 2개) × 6번 반복
9단 : 48코 　= 짧은뜨기 48개
10단 : 48코 　= 짧은뜨기 48개
11단 : 48코 　= 짧은뜨기 48개
12단 : 48코 　= 짧은뜨기 48개
13단 : 48코 　= 짧은뜨기 48개
14단 : 48코 　= 짧은뜨기 48개
15단 : 52코 　= (짧은뜨기 11개 + 한 코에 짧은뜨기 2개) × 4번 반복
16단 : 56코 　= (짧은뜨기 12개 + 한 코에 짧은뜨기 2개) × 4번 반복
17단 : 60코 　= (짧은뜨기 13개 + 한 코에 짧은뜨기 2개) × 4번 반복
18단 : 64코 　= (짧은뜨기 14개 + 한 코에 짧은뜨기 2개) × 4번 반복

19단 : 66코 　= (짧은뜨기 31개 + 한 코에 짧은뜨기 2개) × 2번 반복
20단 : 66코 　= 짧은뜨기 66개
21단 : 66코 　= 짧은뜨기 66개
22단 : 66코 　= 짧은뜨기 66개
23단 : 66코 　= 짧은뜨기 66개
24단 : 66코 　= 짧은뜨기 66개
25단 : 66코 　= 짧은뜨기 66개
26단 : 66코 　= 짧은뜨기 66개
27단 : 60코 　= (짧은뜨기 9개 + 짧은모아뜨기 1개) × 6번 반복
28단 : 54코 　= (짧은뜨기 8개 + 짧은모아뜨기 1개) × 6번 반복
29단 : 48코 　= (짧은뜨기 7개 + 짧은모아뜨기 1개) × 6번 반복
30단 : 42코 　= (짧은뜨기 6개 + 짧은모아뜨기 1개) × 6번 반복
31단 : 36코 　= (짧은뜨기 5개 + 짧은모아뜨기 1개) × 6번 반복
32단 : 30코 　= (짧은뜨기 4개 + 짧은모아뜨기 1개) × 6번 반복
33단 : 24코 　= (짧은뜨기 3개 + 짧은모아뜨기 1개) × 6번 반복
34단 : 18코 　= (짧은뜨기 2개 + 짧은모아뜨기 1개) × 6번 반복
35단 : 12코 　= (짧은뜨기 1개 + 짧은모아뜨기 1개) × 6번 반복
36단 : 6코 　　= 짧은모아뜨기 1개 × 6번 반복

루돌프(뿔) 2개

코바늘 호수 : 3호

루돌프 몸체가 완성되면 뿔, 코, 목도리를 제작합니다.

뿔과 코는 코바늘 마무리 단계에서 실을 여유 있게 남겨두고 돗바늘로 루돌프 몸체에 부착합니다.

이후 코 위치에 맞춰 플라스틱 인형눈을 실리콘으로 부착시켜 줍니다.

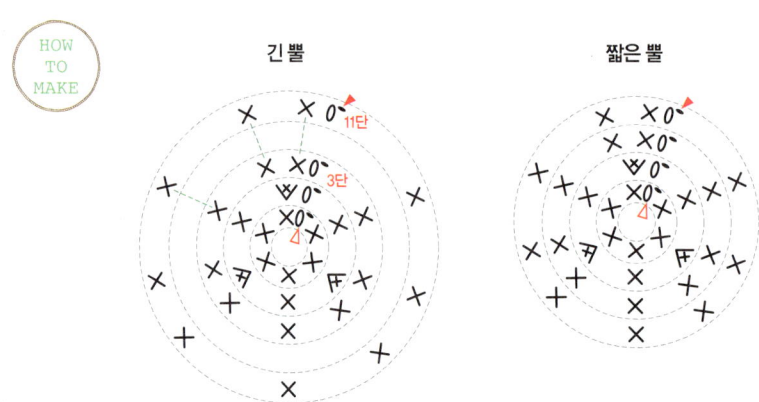

HOW TO MAKE

긴 뿔 짧은 뿔

루돌프(코)

코바늘 호수 : 3호

마지막 단에서 빼뜨기로 마무리한 후
여유분을 두고 실을 남기고 자릅니다.
루돌프(몸)에서 9~14단 사이에 돗바늘로 연결해줍니다.

HOW
TO
MAKE

루돌프(목도리)

코바늘 호수 : 3호

HOW
TO
MAKE

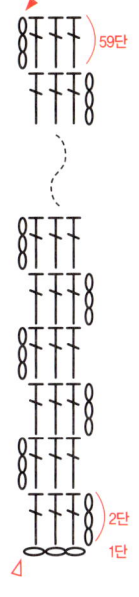

18 크리스마스 오너먼트-트리

트리(위)

코바늘 호수 : 3호
빼뜨기 후 여유 있게 실을 남겨둡니다.
트리 아랫부분이 완성되면 돗바늘로 연결해줍니다.
반쯤 연결되었을 때 솜을 넣고 나머지를 연결해 마무리합니다.

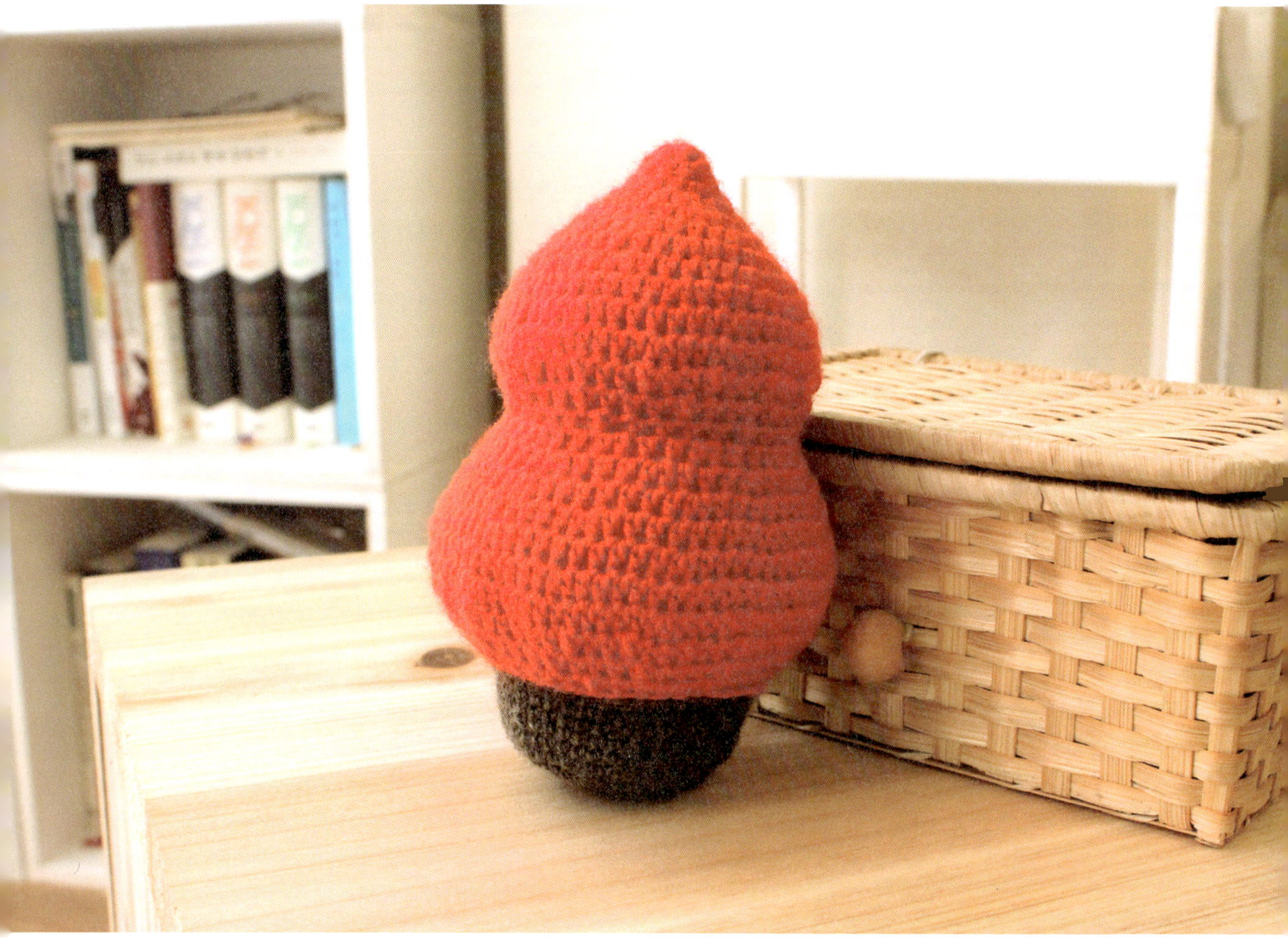

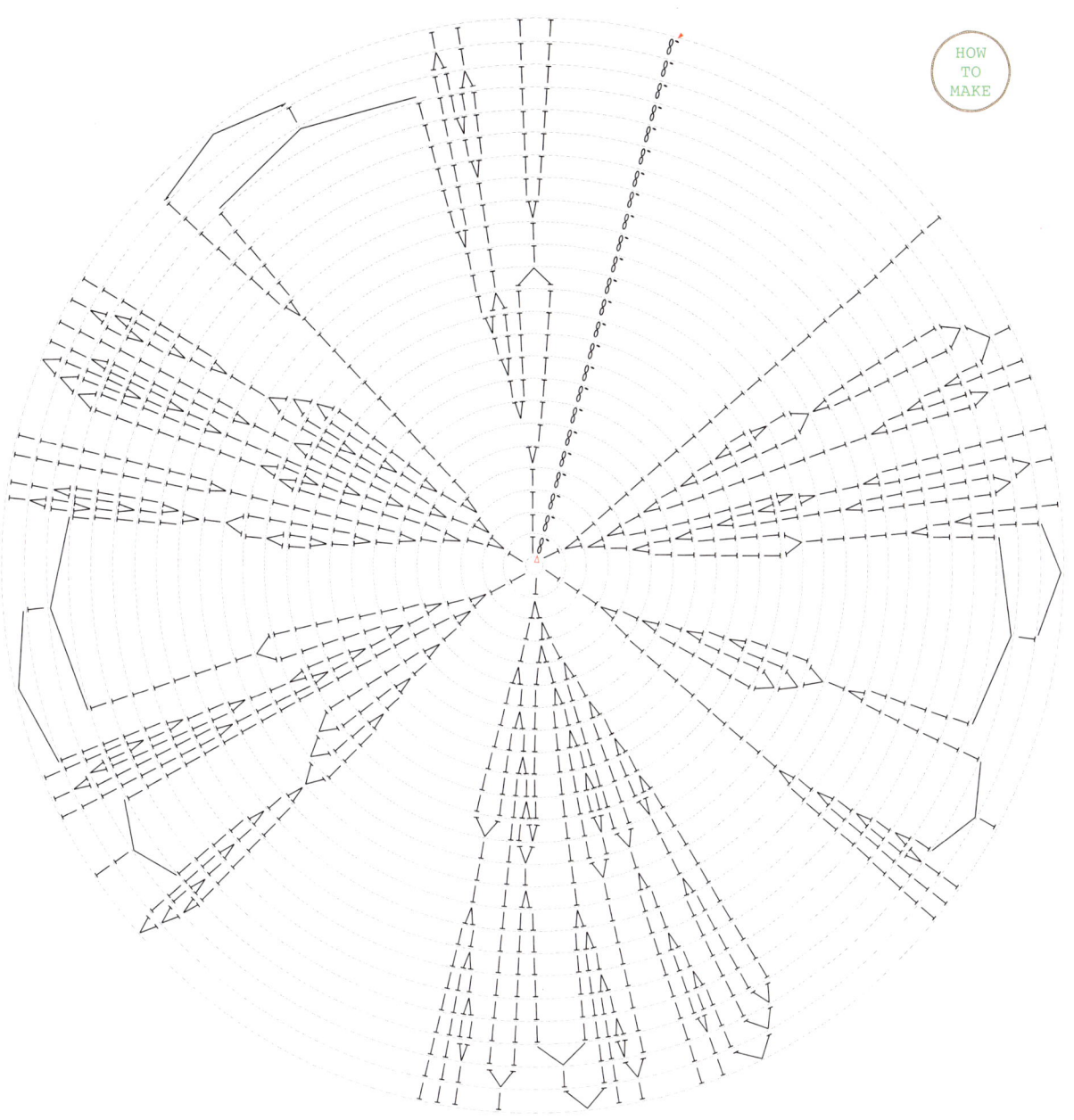

1단 : 6코　= 긴뜨기 6개

2단 : 9코　= (긴뜨기 1개 + 한 코에 긴뜨기 2개) × 3번 반복

3단 : 13코　= (긴뜨기 1개 + 한 코에 긴뜨기 2개) × 4번 반복 + 긴뜨기 1개

4단 : 19코　= (긴뜨기 1개 + 한 코에 긴뜨기 2개) × 6번 반복 + 긴뜨기 1개

5단 : 25코　= (긴뜨기 2개 + 한 코에 긴뜨기 2개) × 6번 반복 + 긴뜨기 1개

6단 : 31코　= (긴뜨기 3개 + 한 코에 긴뜨기 2개) × 6번 반복 + 긴뜨기 1개

7단 : 37코　= (긴뜨기 4개 + 한 코에 긴뜨기 2개) × 6번 반복 + 긴뜨기 1개

8단 : 43코　= (긴뜨기 5개 + 한 코에 긴뜨기 2개) × 6번 반복 + 긴뜨기 1개

9단 : 49코　= (긴뜨기 6개 + 한 코에 긴뜨기 2개) × 6번 반복 + 긴뜨기 1개

10단 : 55코　= (긴뜨기 7개 + 한 코에 긴뜨기 2개) × 6번 반복 + 긴뜨기 1개

11단 : 61코　= (긴뜨기 8개 + 한 코에 긴뜨기 2개) × 6번 반복 + 긴뜨기 1개

12단 : 46코　= (긴뜨기 2개 + 모아긴뜨기 1개) × 15번 반복 + 긴뜨기 1개

13단 : 67코　= (긴뜨기 3개 + 모아긴뜨기 1개) × 15번 반복 + 긴뜨기 1개

14단 : 31코　= (긴뜨기 4개 + 모아긴뜨기 1개) × 15번 반복 + 긴뜨기 1개

15단 : 41코　= (긴뜨기 2개 + 한 코에 긴뜨기 2개) × 10번 반복 + 긴뜨기 1개

16단 : 51코　= (긴뜨기 3개 + 한 코에 긴뜨기 2개) × 10번 반복 + 긴뜨기 1개

17단 : 57코　= (긴뜨기 7개 + 한 코에 긴뜨기 2개) × 6번 반복 + 긴뜨기 3개

18단 : 63코　= (긴뜨기 8개 + 한 코에 긴뜨기 2개) × 6번 반복 + 긴뜨기 3개

19단 : 69코　= (긴뜨기 9개 + 한 코에 긴뜨기 2개) × 6번 반복 + 긴뜨기 3개

20단 : 75코　= (긴뜨기 10개 + 한 코에 긴뜨기 2개) × 6번 반복 + 긴뜨기 3개

21단 : 81코　= (긴뜨기 11개 + 한 코에 긴뜨기 2개) × 6번 반복 + 긴뜨기 3개

22단 : 61코　= (긴뜨기 2개 + 모아긴뜨기 1개) × 20번 반복 + 긴뜨기 1개

23단 : 49코　= (긴뜨기 3개 + 모아긴뜨기 1개) × 12번 반복 + 긴뜨기 1개

24단 : 42코　= (긴뜨기 4개 + 모아긴뜨기 1개) × 7번 반복 + 긴뜨기 7개

트리 (아래)

코바늘 호수 : 3호

1단 : 6코 = 짧은뜨기 6개

2단 : 12코 = 한 코에 짧은뜨기 2개 × 6번 반복

3단 : 18코 = (짧은뜨기 1개 + 한 코에 짧은뜨기 2개) × 6번 반복

4단 : 24코 = (짧은뜨기 2개 + 한 코에 짧은뜨기 2개) × 6번 반복

5단 : 30코 = (짧은뜨기 3개 + 한 코에 짧은뜨기 2개) × 6번 반복

6단 : 36코 = (짧은뜨기 4개 + 한 코에 짧은뜨기 2개) × 6번 반복

7단 : 42코 = (짧은뜨기 5개 + 한 코에 짧은뜨기 2개) × 6번 반복

8단 : 48코 = (짧은뜨기 6개 + 한 코에 짧은뜨기 2개) × 6번 반복

9단 : 48코 = 짧은뜨기 48개

10단 : 42코 = (짧은뜨기 6개 + 짧은 모아뜨기 1개) × 6번 반복

11단 : 42코 = 짧은뜨기 42개

12단 : 42코 = 짧은뜨기 42개

13단 : 42코 = 짧은뜨기 42개

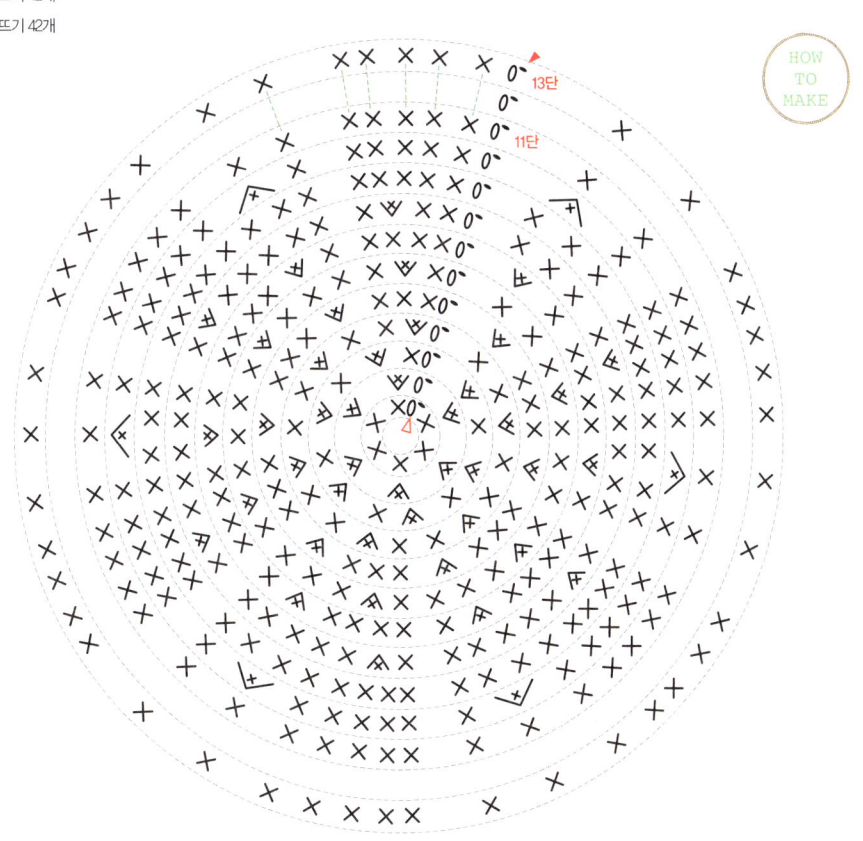

HOW
TO
MAKE

일회용 컵 재활용 전등갓

코바늘 호수 : 1호

와인 잔 안에 초를 넣고 일회용 손뜨개 커버를 씌운 일회용
플라스틱컵으로 덮어줍니다. 이때 일회용 플라스틱 컵 윗부분에
송곳으로 구멍을 5~6개 정도 뚫어주세요.
(초가 잘 탈 수 있도록 숨구멍을 만들어줍니다.)

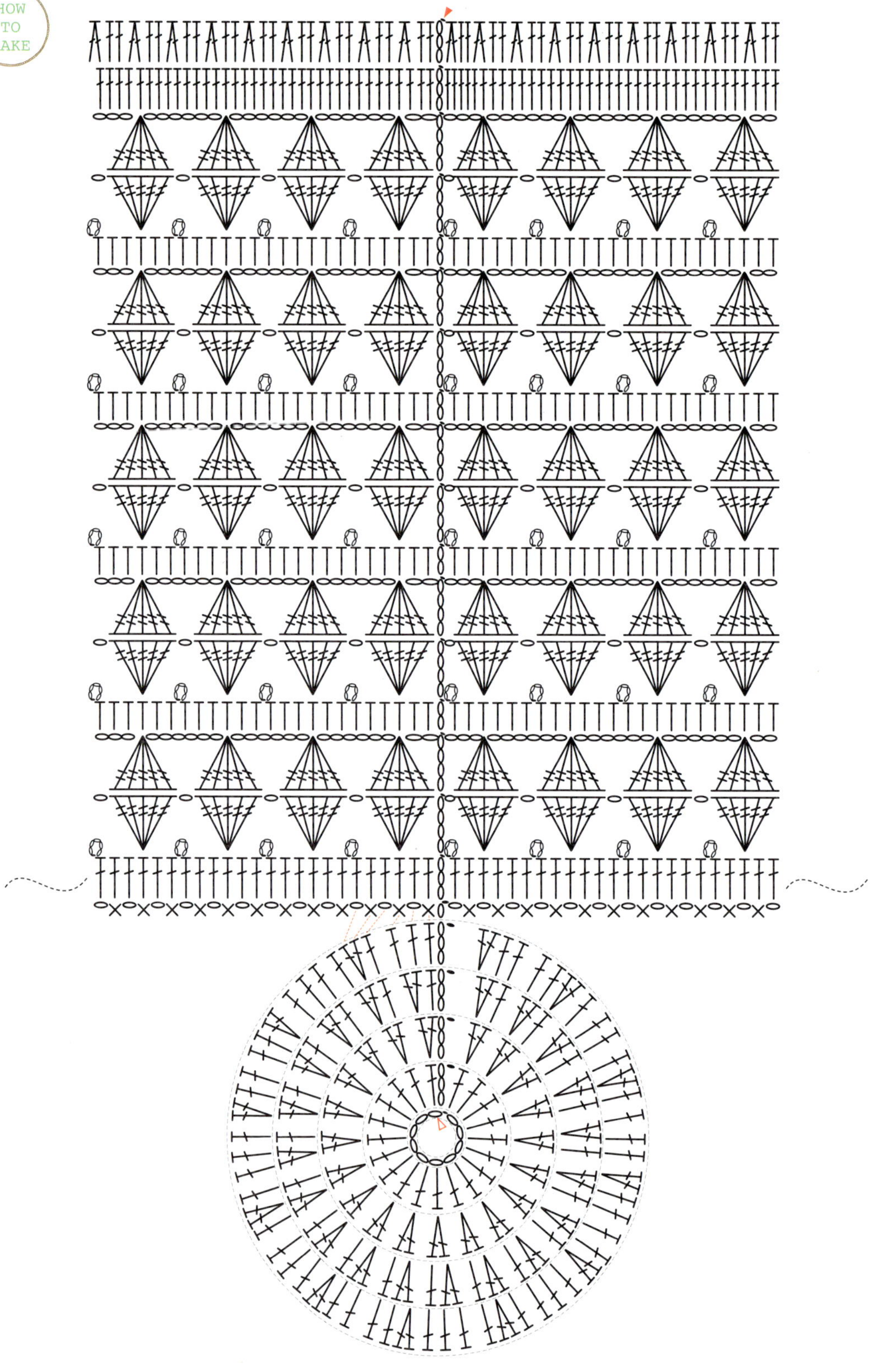

1단 : 10코　= 사슬뜨기 10개

2단 : 20코　= 한길긴뜨기 20개

3단 : 40코　= (한 코에 한길긴뜨기 2개) × 20번 반복

4단 : 60코　= (한길긴뜨기 1개 + 한 코에 한길긴뜨기 2개) × 20번 반복

5단 : 72코　= (한길긴뜨기 4개 + 한 코에 한길긴뜨기 2개) × 12번 반복

6단 : 72코　= (짧은뜨기 1개 + 사슬뜨기 1개) × 36번 반복

7단 : 72코　= (긴뜨기 6개 + 피코뜨기 1개) × 12번 반복

8단 : 72코　= (한코에 두길긴뜨기 5개 + 사슬뜨기 1개) × 12번 반복

9단 : 72코　= 사슬뜨기 2개 + (두길긴뜨기 5개 모아뜨기 + 사슬뜨기 6개) × 11번 반복 +
　　　　　　　두길긴뜨기 5개 모아뜨기 + 사슬뜨기 3개

10단~21단 : 72코　= 7~9단 × 4번 반복

22단 : 108코 = 한길긴뜨기 108개

23단 : 81코　= (한길긴뜨기 2개 + 한길긴뜨기 모아뜨기 1개) × 27번 반복

20 꽃사슴뿔 원목 액자

꽃 모티브

코바늘 호수 : 1호

- 한길긴뜨기 12코 원형뜨기로 시작합니다.
- 3단까지 완성되면 4단은 1단의 12코에 연결하여 진행합니다.
- 이후 7단은 4단에 연결 / 10–7단 / 13–10단 / 16–13단 / 19–16단에 연결하여 마무리합니다.
- 꽃 모티브가 완성되면 19단의 총 84코마다 실 50cm씩을 엮어줍니다.
- 사슴뿔 도안 위치에 꽃 모티브를 두고 미리 박아둔 못에 실을 팽팽히 연결합니다.

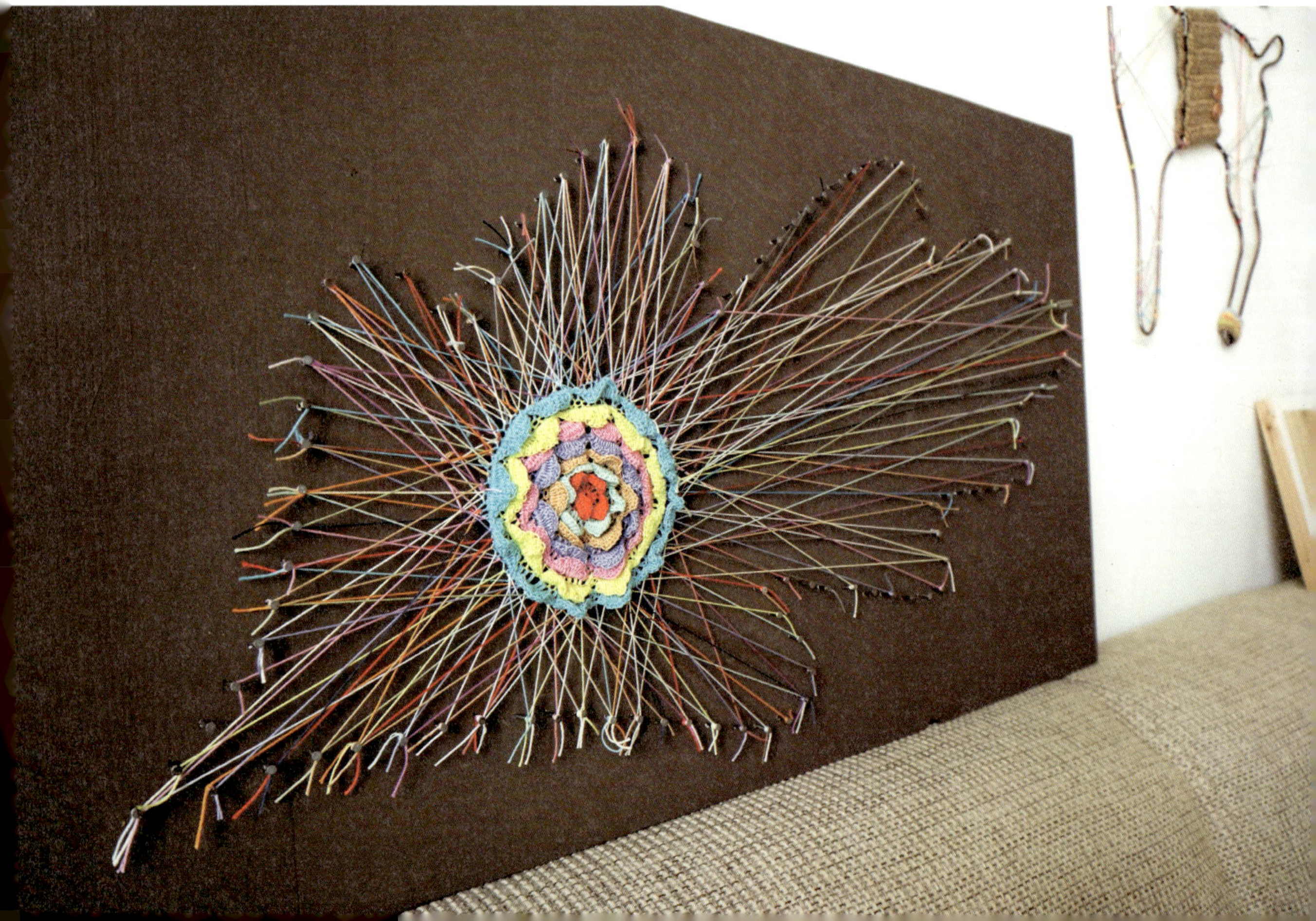

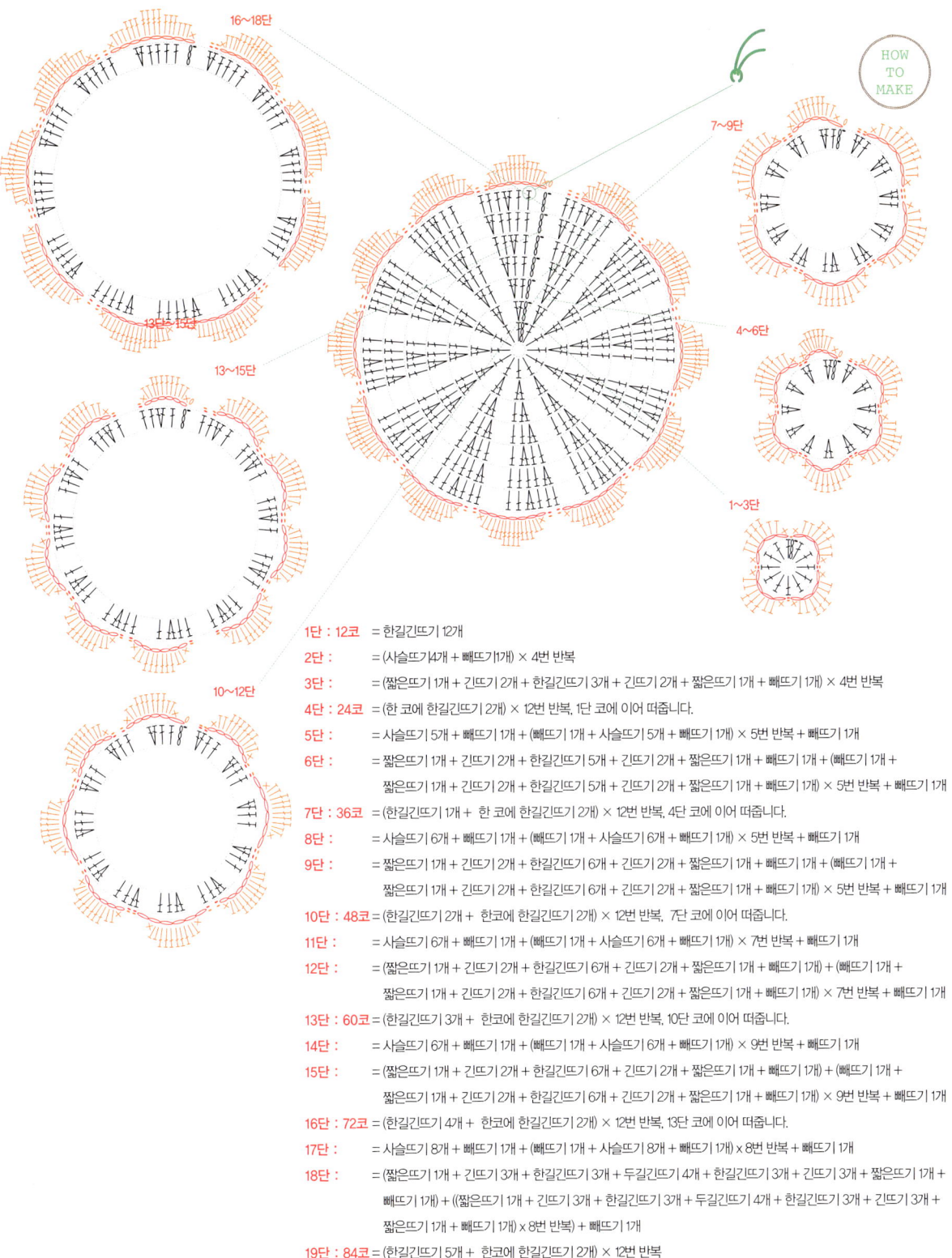

16~18단

7~9단

HOW TO MAKE

13단~15단

13~15단

4~6단

1~3단

10~12단

1단 : 12코 = 한길긴뜨기 12개

2단 : = (사슬뜨기 4개 + 빼뜨기 1개) × 4번 반복

3단 : = (짧은뜨기 1개 + 긴뜨기 2개 + 한길긴뜨기 3개 + 긴뜨기 2개 + 짧은뜨기 1개 + 빼뜨기 1개) × 4번 반복

4단 : 24코 = (한 코에 한길긴뜨기 2개) × 12번 반복, 1단 코에 이어 떠줍니다.

5단 : = 사슬뜨기 5개 + 빼뜨기 1개 + (빼뜨기 1개 + 사슬뜨기 5개 + 빼뜨기 1개) × 5번 반복 + 빼뜨기 1개

6단 : = 짧은뜨기 1개 + 긴뜨기 2개 + 한길긴뜨기 5개 + 긴뜨기 2개 + 짧은뜨기 1개 + 빼뜨기 1개 + (빼뜨기 1개 + 짧은뜨기 1개 + 긴뜨기 2개 + 한길긴뜨기 5개 + 긴뜨기 2개 + 짧은뜨기 1개 + 빼뜨기 1개) × 5번 반복 + 빼뜨기 1개

7단 : 36코 = (한길긴뜨기 1개 + 한 코에 한길긴뜨기 2개) × 12번 반복, 4단 코에 이어 떠줍니다.

8단 : = 사슬뜨기 6개 + 빼뜨기 1개 + (빼뜨기 1개 + 사슬뜨기 6개 + 빼뜨기 1개) × 5번 반복 + 빼뜨기 1개

9단 : = 짧은뜨기 1개 + 긴뜨기 2개 + 한길긴뜨기 6개 + 긴뜨기 2개 + 짧은뜨기 1개 + 빼뜨기 1개 + (빼뜨기 1개 + 짧은뜨기 1개 + 긴뜨기 2개 + 한길긴뜨기 6개 + 긴뜨기 2개 + 짧은뜨기 1개 + 빼뜨기 1개) × 5번 반복 + 빼뜨기 1개

10단 : 48코 = (한길긴뜨기 2개 + 한코에 한길긴뜨기 2개) × 12번 반복, 7단 코에 이어 떠줍니다.

11단 : = 사슬뜨기 6개 + 빼뜨기 1개 + (빼뜨기 1개 + 사슬뜨기 6개 + 빼뜨기 1개) × 7번 반복 + 빼뜨기 1개

12단 : = (짧은뜨기 1개 + 긴뜨기 2개 + 한길긴뜨기 6개 + 긴뜨기 2개 + 짧은뜨기 1개 + 빼뜨기 1개) + (빼뜨기 1개 + 짧은뜨기 1개 + 긴뜨기 2개 + 한길긴뜨기 6개 + 긴뜨기 2개 + 짧은뜨기 1개 + 빼뜨기 1개) × 7번 반복 + 빼뜨기 1개

13단 : 60코 = (한길긴뜨기 3개 + 한코에 한길긴뜨기 2개) × 12번 반복, 10단 코에 이어 떠줍니다.

14단 : = 사슬뜨기 6개 + 빼뜨기 1개 + (빼뜨기 1개 + 사슬뜨기 6개 + 빼뜨기 1개) × 9번 반복 + 빼뜨기 1개

15단 : = (짧은뜨기 1개 + 긴뜨기 2개 + 한길긴뜨기 6개 + 긴뜨기 2개 + 짧은뜨기 1개 + 빼뜨기 1개) + (빼뜨기 1개 + 짧은뜨기 1개 + 긴뜨기 2개 + 한길긴뜨기 6개 + 긴뜨기 2개 + 짧은뜨기 1개 + 빼뜨기 1개) × 9번 반복 + 빼뜨기 1개

16단 : 72코 = (한길긴뜨기 4개 + 한코에 한길긴뜨기 2개) × 12번 반복, 13단 코에 이어 떠줍니다.

17단 : = 사슬뜨기 8개 + 빼뜨기 1개 + (빼뜨기 1개 + 사슬뜨기 8개 + 빼뜨기 1개) x 8번 반복 + 빼뜨기 1개

18단 : = (짧은뜨기 1개 + 긴뜨기 3개 + 한길긴뜨기 3개 + 두길긴뜨기 4개 + 한길긴뜨기 3개 + 긴뜨기 3개 + 짧은뜨기 1개 + 빼뜨기 1개) + ((짧은뜨기 1개 + 긴뜨기 3개 + 한길긴뜨기 3개 + 두길긴뜨기 4개 + 한길긴뜨기 3개 + 긴뜨기 3개 + 짧은뜨기 1개 + 빼뜨기 1개) x 8번 반복) + 빼뜨기 1개

19단 : 84코 = (한길긴뜨기 5개 + 한코에 한길긴뜨기 2개) × 12번 반복

20단 : = 사슬뜨기 7개 + 빼뜨기 1개 + (빼뜨기 1개 + 사슬뜨기 7개 + 빼뜨기 1개) × 11번 반복 + 빼뜨기 1개

21단 : = (짧은뜨기 1개 + 긴뜨기 2개 + 한길긴뜨기 3개 + 두길긴뜨기 4개 + 한길긴뜨기 3개 + 긴뜨기 2개 + 짧은뜨기 1개 + 빼뜨기 1개) + (빼뜨기 1개 + 짧은뜨기 1개 + 긴뜨기 2개 + 한길긴뜨기 3개 + 두길긴뜨기 4개 + 한길긴뜨기 3개 + 긴뜨기 2개 + 짧은뜨기 1개 + 빼뜨기 1개) × 11번 반복 + 빼뜨기 1개

사슴뿔 모양 도안

원목 사이즈 : 70 x 40 cm

원목 두께 : 18mm

사이즈의 원목에 원하는 컬러로 칠해준 다음,

사슴뿔 모양 도안대로 1cm 간격으로 못을 박아줍니다.

HOW
TO
MAKE

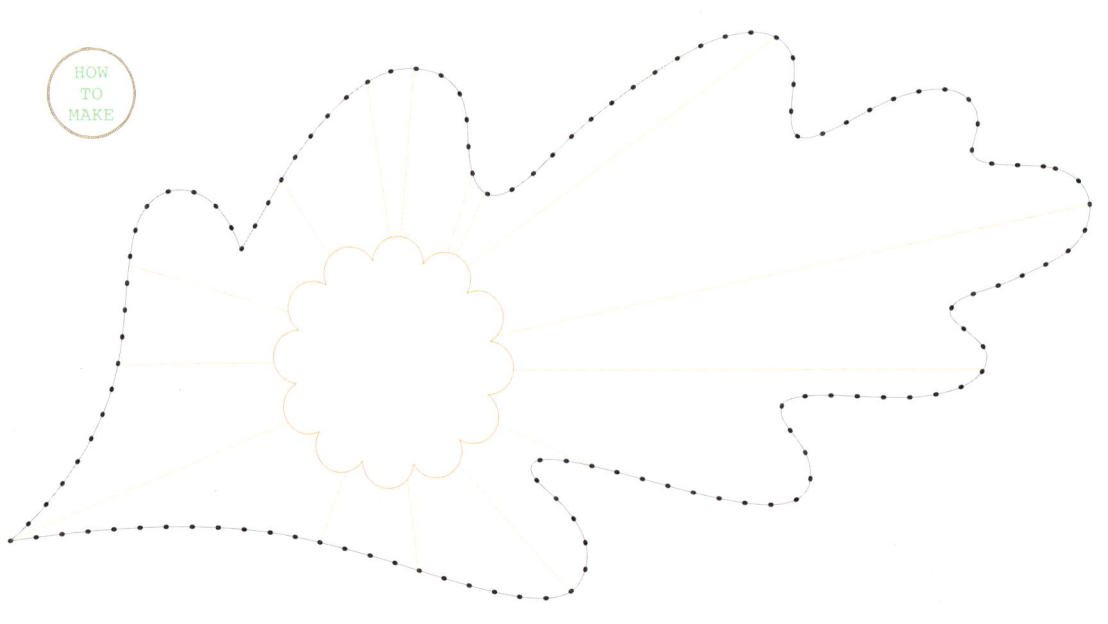

삼각 모티브

코바늘 호수 : 5호

짧은뜨기로 원형뜨기를 시작하며 도안과 같이 모티브를 4개 완성합니다.
첫 번째 모티브와 두 번째 모티브를 겹쳐 한쪽 면을 짧은뜨기로 같이 연결합니다.
세 번째 모티브를 그 사이에 놓고 같이 연결합니다.
이렇게 세 개의 모티브를 연결해서 삼각뿔 모양이 만들어지면
네 번째 모티브를 바닥에 놓고 같이 연결하며 숨구멍을 남겨놓고
솜을 넣은 다음 나머지 코를 떠주고 마무리합니다.

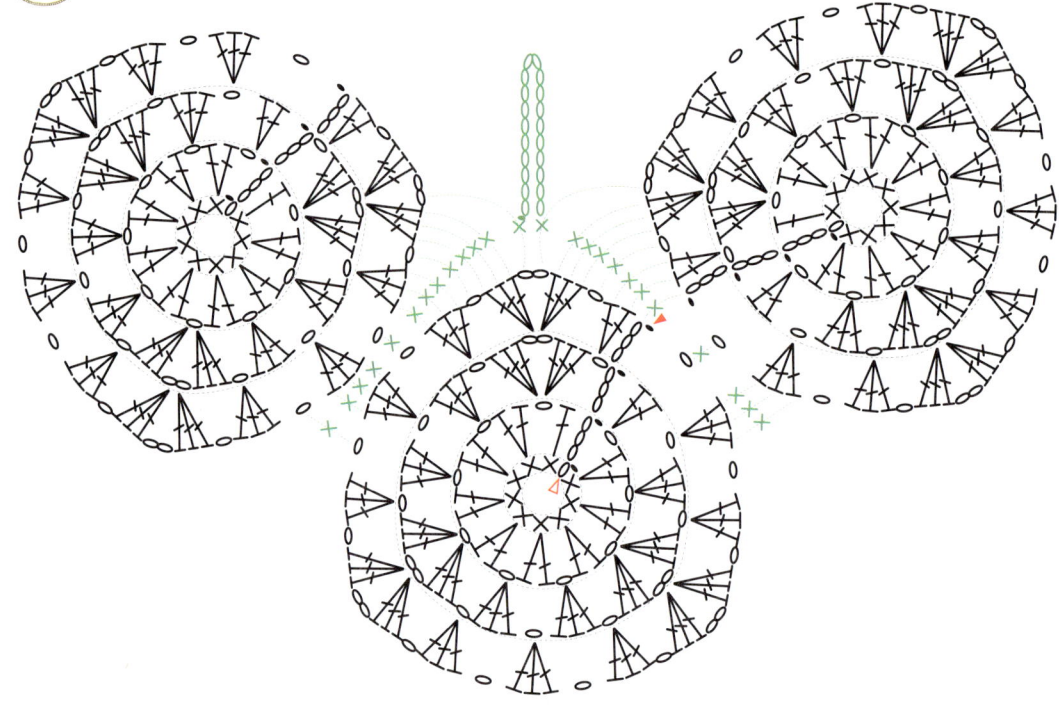

22 토끼 인형

토끼인형(머리)

코바늘 호수 : 5호

- 1단은 짧은뜨기 6개 원형뜨기로 시작합니다.
- 8단부터 실 컬러를 바꿔줍니다.
- 19단까지 완성되면 솜을 넣은 후 마지막 단까지 마무리합니다.
- 토끼 코는 돗바늘로 1단 중앙과 2단 사이에 15번 정도 감침질합니다.
- 눈은 9~11단 10번째 코 사이에 돗바늘로 V자 모양으로 바느질합니다.

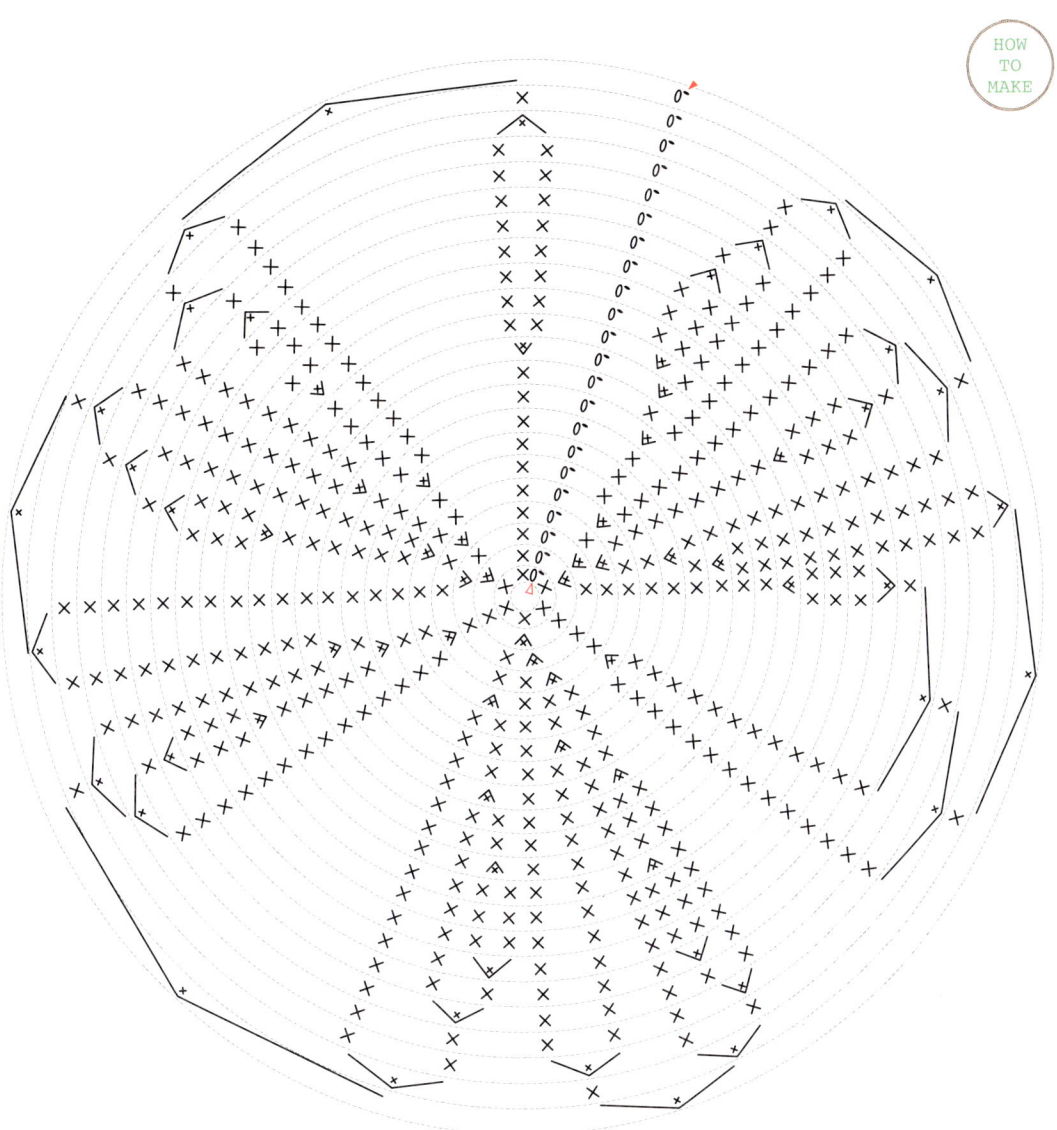

HOW TO MAKE

1단 : 6코 = 짧은뜨기 6개
2단 : 9코 = (짧은뜨기 1개 + 한 코에 짧은뜨기 2개) × 3번 반복
3단 : 12코 = (짧은뜨기 2개 + 한 코에 짧은뜨기 2개) × 3번 반복
4단 : 16코 = (짧은뜨기 2개 + 한 코에 짧은뜨기 2개) × 4번 반복
5단 : 20코 = (짧은뜨기 3개 + 한 코에 짧은뜨기 2개) × 4번 반복
6단 : 20코 = 짧은뜨기 20개
7단 : 24코 = (짧은뜨기 4개 + 한 코에 짧은뜨기 2개) × 4번 반복
8단 : 24코 = 짧은뜨기 24개
9단 : 30코 = (짧은뜨기 3개 + 한 코에 짧은뜨기 2개) × 6번 반복
10단 : 30코 = 짧은뜨기 30개
11단 : 32코 = 한 코에 짧은뜨기 2개 + 짧은뜨기 28개 + 한 코에 짧은뜨기 2개

12단 : 36코 = (짧은뜨기 7개 + 한 코에 짧은뜨기 2개) × 4번 반복
13단 : 40코 = (짧은뜨기 8개 + 한 코에 짧은뜨기 2개) × 4번 반복
14단 : 40코 = 짧은뜨기 40개
15단 : 40코 = 짧은뜨기 40개
16단 : 36코 = (짧은뜨기 8개 + 짧은모아뜨기 1개) × 4번 반복
17단 : 32코 = (짧은뜨기 7개 + 짧은모아뜨기 1개) × 4번 반복
18단 : 28코 = (짧은뜨기 6개 + 짧은모아뜨기 1개) × 4번 반복
19단 : 24코 = (짧은뜨기 5개 + 짧은모아뜨기 1개) × 4번 반복
20단 : 18코 = (짧은뜨기 2개 + 짧은모아뜨기 1개) × 6번 반복
21단 : 12코 = (짧은뜨기 1개 + 짧은모아뜨기 1개) × 6번 반복
22단 : 6코 = 짧은모아뜨기 6개

토끼인형 (몸)

코바늘 호수 : 5호

- 1단은 짧은뜨기 6개 원형뜨기로 시작합니다.
- 15단부터 실 컬러를 바꿔줍니다.
- 마지막 단까지 완성되면 솜을 넣어 마무리합니다.
- 몸은 머리의 18~22번째 단 사이에 돗바늘로 꿰매어 고정시킵니다.

HOW
TO
MAKE

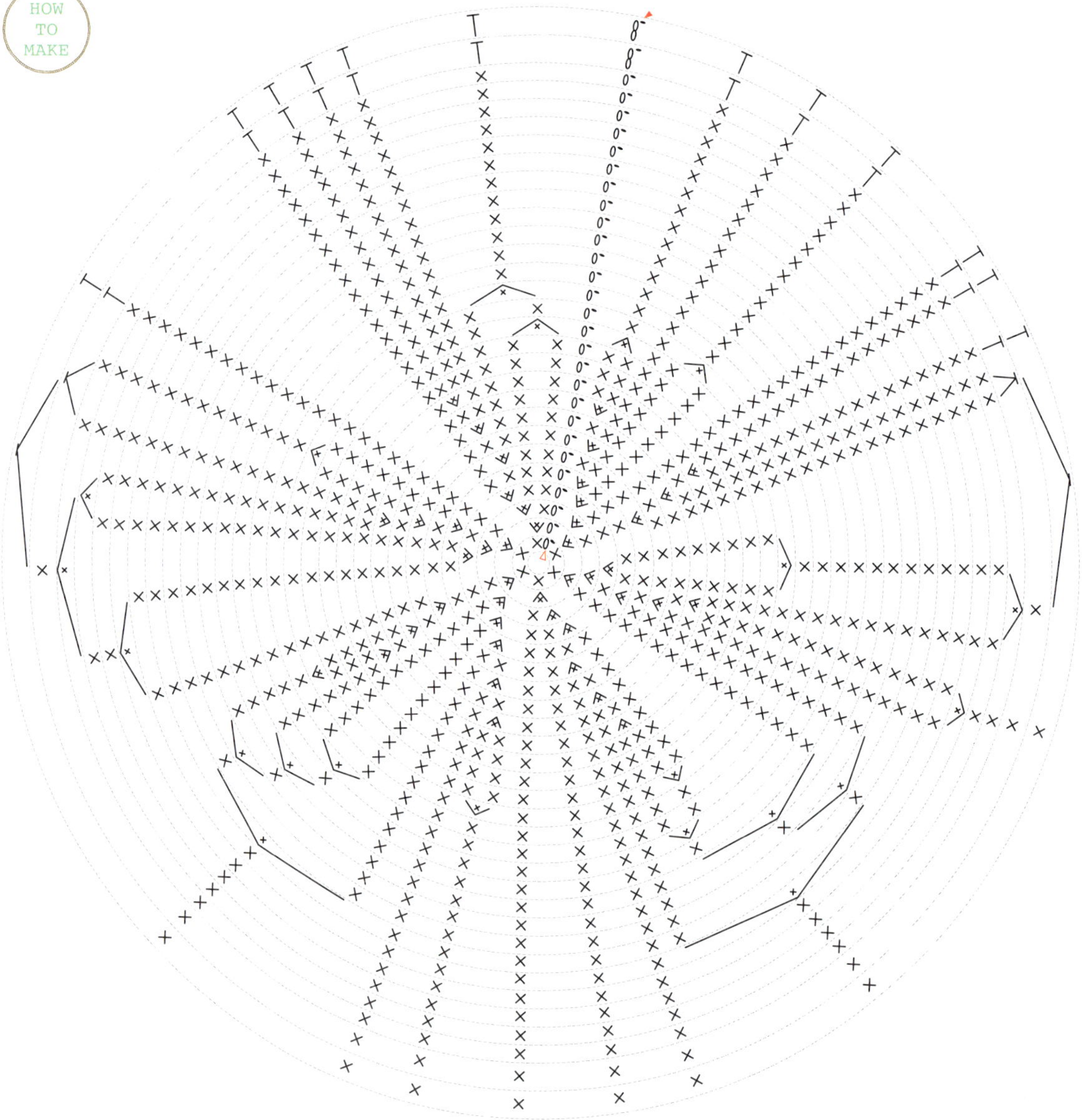

1단 : 6코   = 짧은뜨기 6개

2단 : 12코   = 한 코에 짧은뜨기 2개 × 6번 반복

3단 : 18코   = (짧은뜨기 1개 + 한 코에 짧은뜨기 2개) × 6번 반복

4단 : 24코   = (짧은뜨기 2개 + 한 코에 짧은뜨기 2개) × 6번 반복

5단 : 28코   = (짧은뜨기 5개 + 한 코에 짧은뜨기 2개) × 4번 반복

6단 : 32코   = (짧은뜨기 6개 + 한 코에 짧은뜨기 2개) × 4번 반복

7단 : 36코   = (짧은뜨기 7개 + 한 코에 짧은뜨기 2개) × 4번 반복

8단 : 40코   = (짧은뜨기 8개 + 한 코에 짧은뜨기 2개) × 4번 반복

9단 : 44코   = (짧은뜨기 9개 + 한 코에 짧은뜨기 2개) × 4번 반복

10단 : 48코 = (짧은뜨기 10개 + 한 코에 짧은뜨기 2개) × 4번 반복

11단 : 48코 = 짧은뜨기 48개

12단 : 48코 = 짧은뜨기 48개

13단 : 46코 = 짧은모아뜨기 1개 + 짧은뜨기 44개 + 짧은모아뜨기 1개

14단 : 40코 = 짧은뜨기 2개 + (짧은뜨기 5개 + 짧은모아뜨기 1개) ×
               6번 반복 + 짧은뜨기 2개

15단 : 39코 = 짧은모아뜨기 1개 + 짧은뜨기 38개

16단 : 38코 = 짧은뜨기 14개 + 짧은모아뜨기 1개 + 짧은뜨기 23개

17단 : 37코 = 짧은뜨기 22개 + 짧은모아뜨기 1개 + 짧은뜨기 14개

18단 : 36코 = 짧은뜨기 13개 + 짧은모아뜨기 1개 + 짧은뜨기 22개

19단 : 35코 = 짧은뜨기 21개 + 짧은모아뜨기 1개 + 짧은뜨기 13개

20단 : 34코 = 짧은뜨기 12개 + 짧은모아뜨기 1개 + 짧은뜨기 21개

21단 : 33코 = 짧은뜨기 20개 + 짧은모아뜨기 1개 + 짧은뜨기 12개

22단 : 32코 = 짧은뜨기 12개 + 짧은모아뜨기 1개 + 짧은뜨기 19개

23단 : 31코 = 짧은뜨기 18개 + 짧은모아뜨기 1개 + 짧은뜨기 12개

24단 : 30코 = 짧은뜨기 10개 + 짧은모아뜨기 1개 + 짧은뜨기 19개

25단 : 29코 = 짧은뜨기 18개 + 짧은모아뜨기 1개 + 짧은뜨기 10개

26단 : 28코 = 짧은뜨기 8개 + 짧은모아뜨기 1개 + 짧은뜨기 19개

27단 : 26코 = 은뜨기 8개 + 짧은모아뜨기 1개 + 짧은뜨기 8개 +
               짧은모아뜨기 1개 + 짧은뜨기 8개

28단 : 24코 = 긴뜨기 6개 + 긴모아뜨기 1개 + 짧은뜨기 10개 +
               긴모아뜨기 1개 + 긴뜨기 6개

29단 : 22코 = 긴뜨기 6개 + 긴모아뜨기 1개 + 짧은뜨기 8개 +
               긴모아뜨기 1개 + 긴뜨기 6개

토끼인형 (다리) 2개

코바늘 호수 : 5호

- 1단은 짧은뜨기 6개 원형뜨기로 시작합니다.
- 12단까지 완성되었을 때 솜을 넣고 마지막 단까지 마무리합니다.
- 다리는 몸의 6번째 단 / 28~31코, 33~36코에 돗바늘로 꿰매어 고정시킵니다.

HOW
TO
MAKE

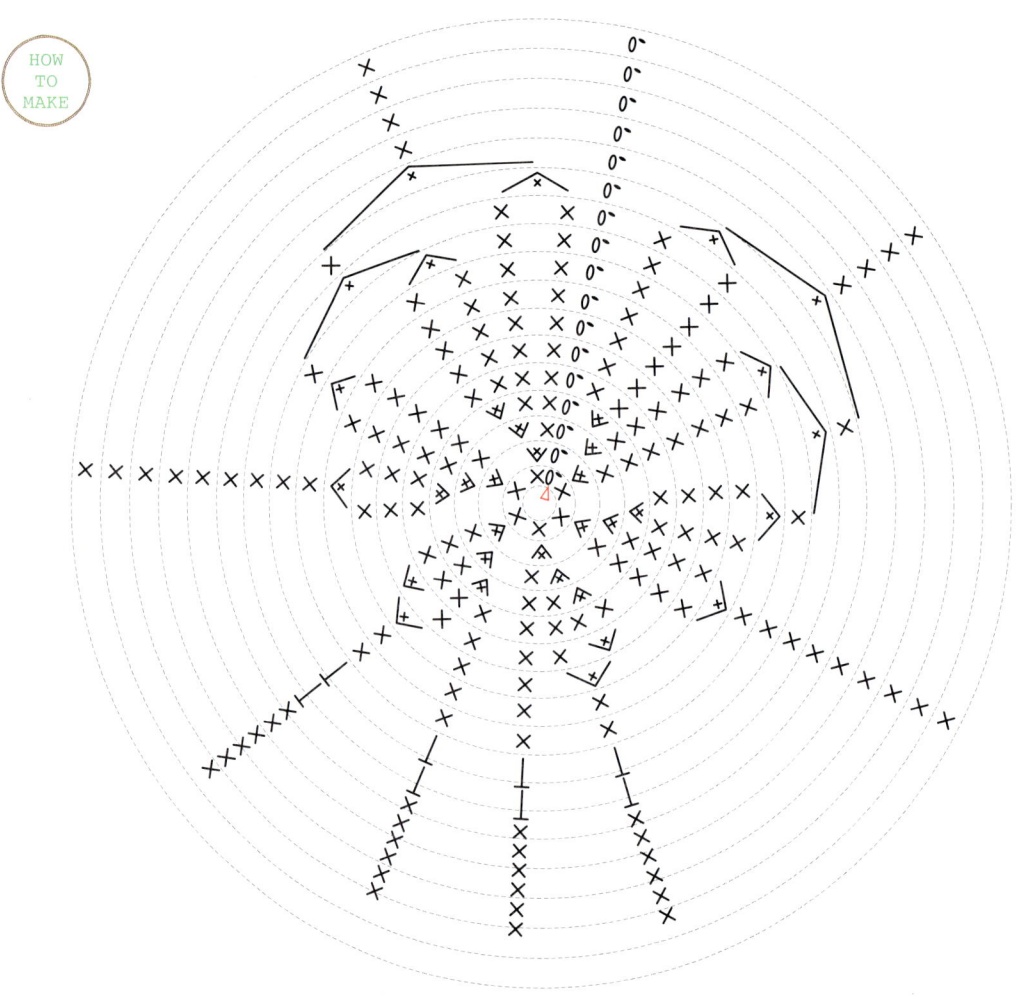

1단 : 6코 = 짧은뜨기 6개

2단 : 12코 = 한 코에 짧은뜨기 2개 × 6번 반복

3단 : 18코 = (짧은뜨기 1개 + 한 코에 짧은뜨기 2개) × 6번 반복

4단 : 24코 = (짧은뜨기 2개 + 한 코에 짧은뜨기 2개) × 6번 반복

5단 : 24코 = 짧은뜨기 24개

6단 : 22코 = 짧은뜨기 8개 + 짧은 모아뜨기 1개 + 짧은뜨기 4개 + 짧은 모아뜨기 1개 + 짧은뜨기 8개

7단 : 20코 = 짧은뜨기 8개 + 짧은 모아뜨기 1개 + 짧은뜨기 2개 + 짧은 모아뜨기 1개 + 짧은뜨기 8개

8단 : 18코 = 짧은뜨기 6개 + 짧은 모아뜨기 1개 + 짧은뜨기 4개 + 짧은 모아뜨기 1개 + 짧은뜨기 6개

9단 : 16코 = 짧은뜨기 4개 + 짧은 모아뜨기 1개 + 짧은뜨기 6개 + 짧은 모아뜨기 1개 + 짧은뜨기 4개

10단 : 14코 = 짧은뜨기 2개 + 짧은 모아뜨기 1개 + 짧은뜨기 2개 + 긴뜨기 4개 + 짧은뜨기 2개 + 짧은 모아뜨기 1개 + 짧은뜨기 2개

11단 : 12코 = 짧은뜨기 2개 + 짧은 모아뜨기 1개 + 짧은뜨기 1개 + 긴뜨기 4개 + 짧은뜨기 1개 + 짧은 모아뜨기 1개 + 짧은뜨기 2개

12단 : 10코 = 짧은 모아뜨기 1개 + 짧은뜨기 8개 + 짧은 모아뜨기 1개

13단 : 8코 = 짧은 모아뜨기 1개 + 짧은뜨기 6개 + 짧은 모아뜨기 1개

14단 : 8코 = 짧은뜨기 8개

15단 : 8코 = 짧은뜨기 8개

16단 : 8코 = 짧은뜨기 8개

17단 : 8코 = 짧은뜨기 8개

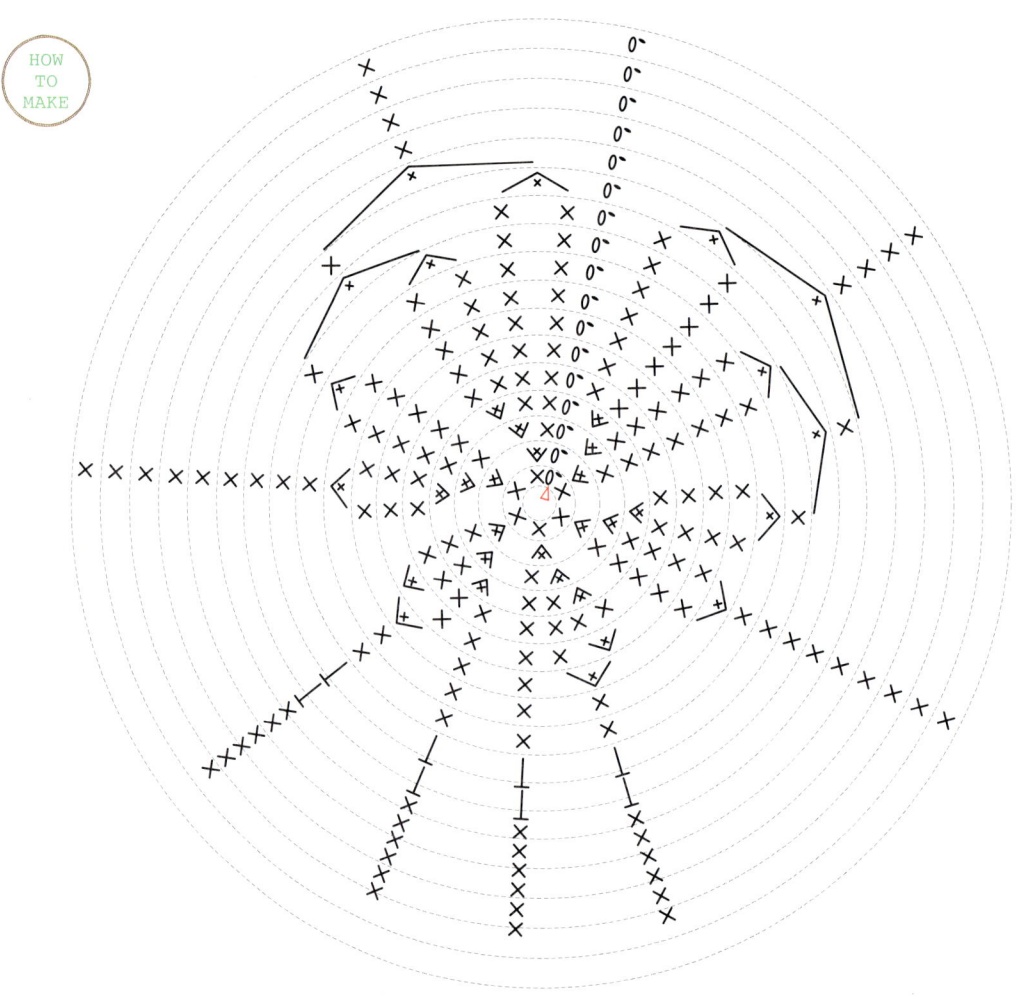

토끼인형 (귀) 2개

패브릭, 털실

• 패브릭과 털실을 30cm 길이로 여러 갈래로 잘라둡니다.
• 패브릭과 털실을 모아 중앙을 토끼의 몸과 같은 컬러의 실로 묶습니다.
• 묶은 실은 토끼머리 18번째 단 / 12코, 16코에 돗바늘로 꿰매어 고정시킵니다.
• 귀를 머리에 고정시킨 후 세 갈래로 땋고 끝부분은 털실로 묶어줍니다.

토끼인형 (팔) 2개

코바늘 호수 : 5호

• 1단은 짧은뜨기 6개 원형뜨기로 시작합니다.

• 4단까지 같은 컬러의 실을 사용하고 5단부터는 3단마다 컬러를 바꿔줍니다.

• 13단까지 완성되었을 때 솜을 넣고 마지막 단까지 마무리합니다.

• 팔은 몸의 28~29번째 / 3코, 15코에 돗바늘로 고정시킵니다.

1단 : 6코   = 짧은뜨기 6개

2단 : 9코   = (짧은뜨기 1개 + 한 코에 짧은뜨기 2개) × 3번 반복

3단 : 12코 = (짧은뜨기 2개 + 한 코에 짧은뜨기 2개) × 3번 반복

4단 : 16코 = (짧은뜨기 2개 + 한 코에 짧은뜨기 2개) × 4번 반복

5단 : 18코 = (짧은뜨기 7개 + 한 코에 짧은뜨기 2개) × 2번 반복

6단 : 18코 = 짧은뜨기 18개

7단 : 16코 = 짧은 모아뜨기 1개 + 짧은뜨기 14개 + 짧은 모아뜨기 1개

8단 : 14코 = 짧은 모아뜨기 1개 + 짧은뜨기 12개 + 짧은 모아뜨기 1개

9단 : 12코 = 짧은 모아뜨기 1개 + 짧은뜨기 10개 + 짧은 모아뜨기 1개

10단 : 10코 = 짧은 모아뜨기 1개 + 짧은뜨기 8개 + 짧은 모아뜨기 1개

11단 : 8코   = 짧은 모아뜨기 1개 + 짧은뜨기 6개 + 짧은 모아뜨기 1개

12단 : 8코   = 짧은뜨기 8개

~

22단 : 8코   = 짧은뜨기 8개

HOW
TO
MAKE

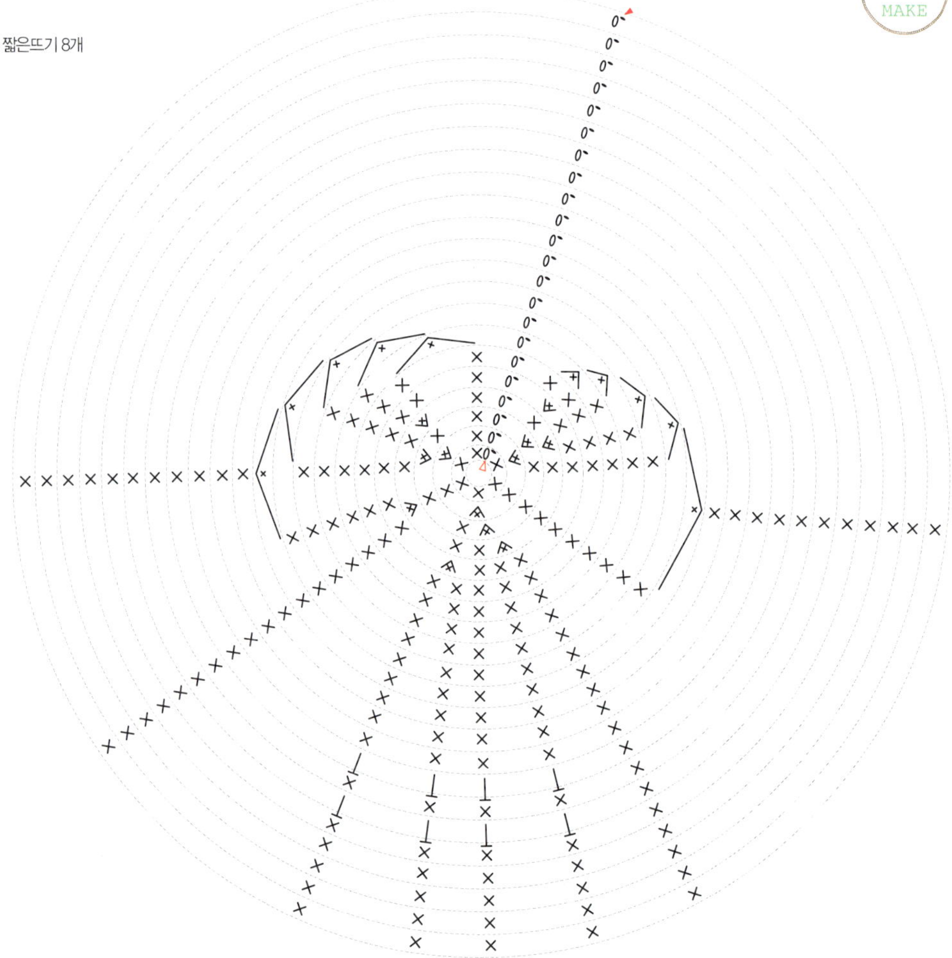

토끼인형 (꼬리)

패브릭, 털실

- 패브릭과 털실을 5cm 길이로 여러 갈래 잘라둡니다.
- 패브릭과 털실을 모아 중앙을 토끼의 몸과 같은 컬러의 실로 묶습니다.
- 묶은 실은 토끼 몸 7번째 단 / 13코에 돗바늘로 꿰매어 고정시킵니다.

HOW
TO
MAKE

① 코 : 머리 1단 중앙과 2단 사이에 15번 정도 감침질합니다.
② 눈 : 머리 9~11단 / 10번째 코 사이에 돗바늘로 V자 모양으로 바느질합니다.
③ 귀 : 머리 18번째 단 / 12코, 16코에 돗바늘로 꼬매어 고정시킵니다.
④ 몸 : 머리 18~22번째 단 사이에 돗바늘로 꼬매어 고정시킵니다.
⑤ 팔 : 몸 28~29번째 단 / 3코, 15코에 돗바늘로 고정시킵니다.
⑥ 다리 : 몸 6번째 단 / 28~31코, 33~36코에 돗바늘로 꼬매어 고정시킵니다.
⑦ 꼬리 : 몸 7번째 단 / 13코에 돗바늘로 꼬매어 고정시킵니다.

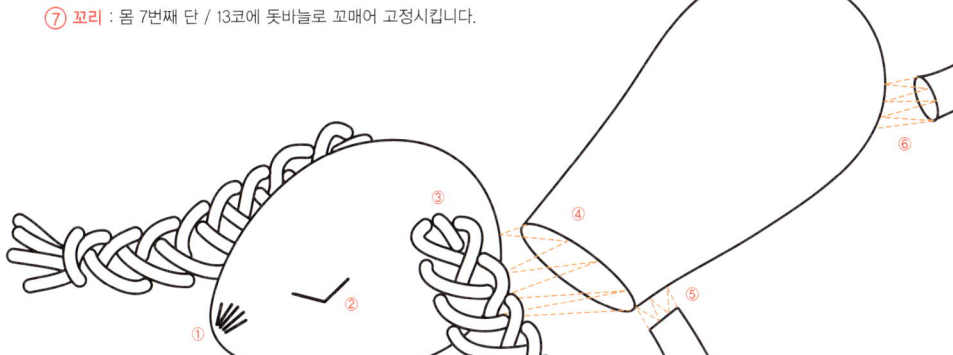

사과모양 파우치

코바늘 호수 : 5호/3호

검은색 코는 5호용 두꺼운 실로, 오렌지색 코는 3호용 얇은 실로 만들어주세요.

5호용 실은 마 재질의 소품용 실을 사용합니다.

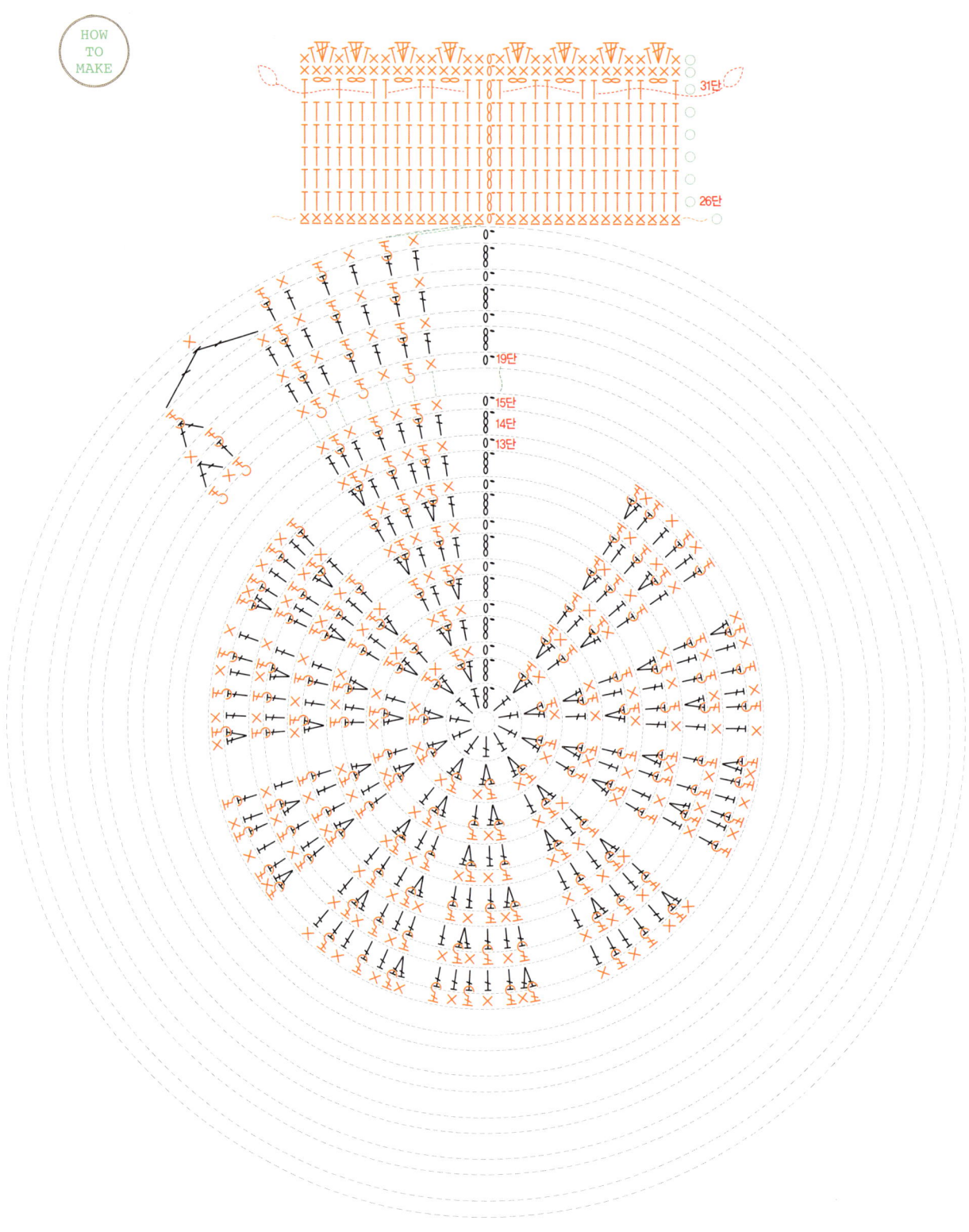

31단

26단

19단

15단
14단
13단

1단 : 10코 = 한길긴뜨기 10개
2단 : 20코 = 한 코에 한길긴뜨기 2개 × 10번 반복
3단 : 20코 = (짧은뜨기 1개 + 안걸어뜨기 1개) × 10번 반복
4단 : 30코 = (한길긴뜨기 1개 + 한 코에 한길긴뜨기 2개) × 10번 반복
5단 : 30코 = (짧은뜨기 1개 + 안걸어뜨기 1개) × 15번 반복
6단 : 40코 = (한길긴뜨기 2개 + 한 코에 한길긴뜨기 2개) × 10번 반복
7단 : 40코 = (짧은뜨기 1개 + 안걸어뜨기 1개) × 20번 반복
8단 : 50코 = (한길긴뜨기 3개 + 한 코에 한길긴뜨기 2개) × 10번 반복
9단 : 50코 = (짧은뜨기 1개 + 안걸어뜨기 1개) × 25번 반복
10단 : 60코 = (한길긴뜨기 4개 + 한 코에 한길긴뜨기 2개) × 10번 반복
11단 : 60코 = (짧은뜨기 1개 + 안걸어뜨기 1개) × 30번 반복
12단 : 70코 = (한길긴뜨기 5개 + 한 코에 한길긴뜨기 2개) × 10번 반복
13단 : 70코 = (짧은뜨기 1개 + 안걸어뜨기 1개) × 35번 반복
14단 : 70코 = 한길긴뜨기 70개
15단 : 70코 = (짧은뜨기 1개 + 안걸어뜨기 1개) × 35번 반복
16단 : 70코 = 한길긴뜨기 70개
17단 : 70코 = (짧은뜨기 1개 + 안걸어뜨기 1개) × 35번 반복

18단 : 70코 = 한길긴뜨기 70개
19단 : 70코 = (짧은뜨기 1개 + 안걸어뜨기 1개) × 35번 반복
20단 : 63코 = (한길긴뜨기 8개 + 한길모아뜨기 1개) × 7번 반복
21단 : 63코 = (짧은뜨기 1개 + 안걸어뜨기 1개) × 31번 반복 + 짧은뜨기 1개
22단 : 56코 = (한길긴뜨기 7개 + 한길모아뜨기 1개) × 7번 반복
23단 : 56코 = (짧은뜨기 1개 + 안걸어뜨기 1개) × 28번 반복
24단 : 49코 = (한길긴뜨기 6개 + 한길모아뜨기 1개) × 7번 반복
25단 : 49코 = (짧은뜨기 1개 + 안걸어뜨기 1개) × 24번 반복 + 짧은뜨기 1개
26단 : 49코 = 짧은뜨기 49개
27단 : 49코 = 긴뜨기 49개
28단 : 49코 = 긴뜨기 49개
29단 : 49코 = 긴뜨기 49개
30단 : 49코 = 긴뜨기 49개
31단 : 49코 = 긴뜨기 49개
32단 : 49코 = (긴뜨기 2개 + 사슬뜨기 2개) × 12번 반복 + 긴뜨기 1개
33단 : 49코 = 짧은뜨기 49개
34단 : 85코 = 짧은뜨기 1개 + (짧은뜨기 1개 + 긴뜨기 1개 + 한길긴뜨기 3개 + 긴뜨기 1개 + 짧은뜨기 1개) × 12번 반복

파우치 끈

코바늘 호수 : 3호

파우치 끈은 사과모양 파우치의 32번째 단의 빈 틈 사이로
교차로 끼워 넣어 조리개로 사용합니다.

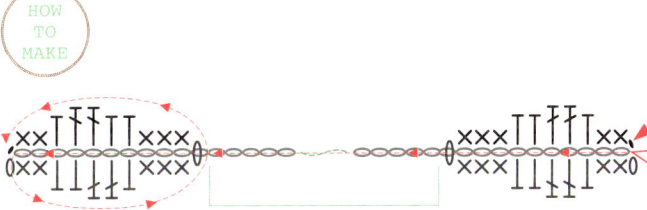

HOW
TO
MAKE

사슬뜨기 70코

24 모자 모양 컵뚜껑

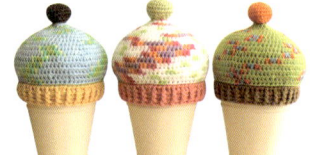

모자 모양 컵뚜껑

코바늘 호수 : 3호

18~21단은 컬러를 바꿔 떠줍니다.

(컵 사이즈 7cm에 맞는 도안입니다.)

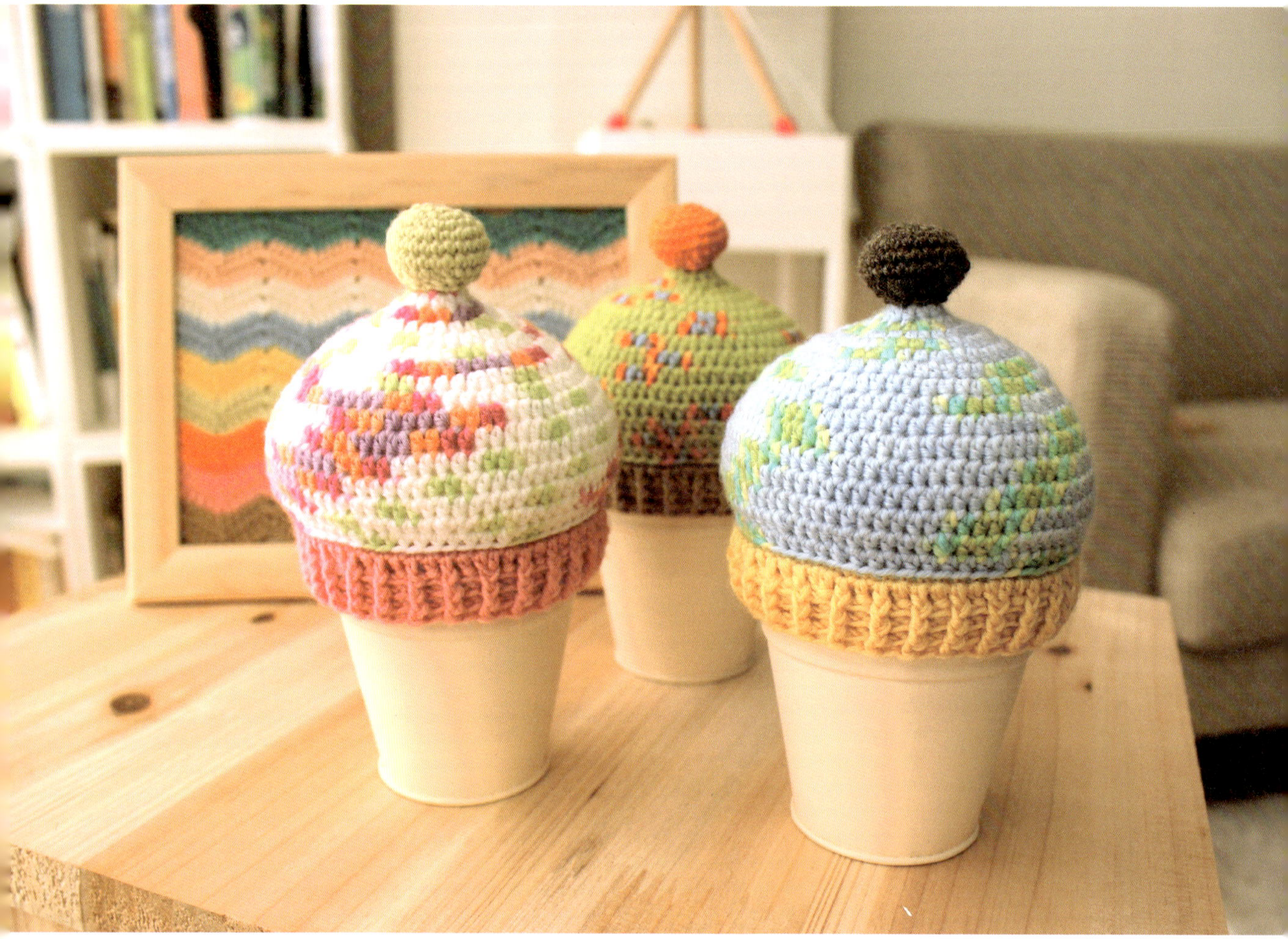

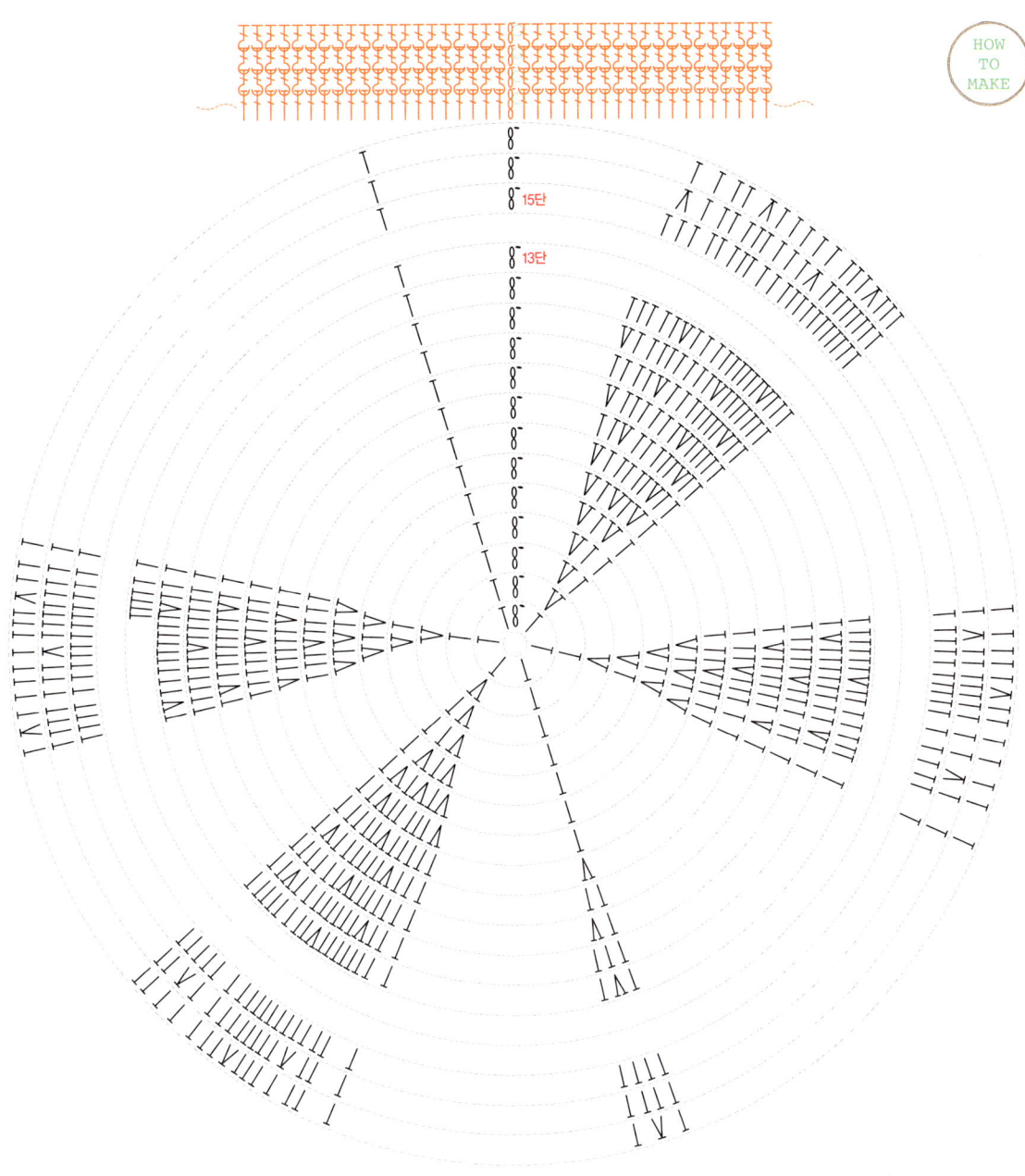

15단

13단

1단 : 6코 = 긴뜨기 6개
2단 : 8코 = (긴뜨기 2개 + 한 코에 긴뜨기 2개) × 2번 반복
3단 : 12코 = (긴뜨기 1개 + 한 코에 긴뜨기 2개) × 4번 반복
4단 : 16코 = (긴뜨기 2개 + 한 코에 긴뜨기 2개) × 4번 반복
5단 : 24코 = (긴뜨기 1개 + 한 코에 긴뜨기 2개) × 8번 반복
6단 : 36코 = (긴뜨기 1개 + 한 코에 긴뜨기 2개) × 12번 반복
7단 : 42코 = (긴뜨기 5개 + 한 코에 긴뜨기 2개) × 6번 반복
8단 : 49코 = (긴뜨기 5개 + 한 코에 긴뜨기 2개) × 7번 반복
9단 : 56코 = (긴뜨기 6개 + 한 코에 긴뜨기 2개) × 7번 반복
10단 : 63코 = (긴뜨기 7개 + 한 코에 긴뜨기 2개) × 7번 반복
11단 : 70코 = (긴뜨기 8개 + 한 코에 긴뜨기 2개) × 7번 반복

12단 : 77코 = (긴뜨기 9개 + 한 코에 긴뜨기 2개) × 7번 반복
13단 : 77코 = 긴뜨기 77개
14단 : 77코 = 긴뜨기 77개
15단 : 77코 = 긴뜨기 77개
16단 : 70코 = (긴뜨기 9개 + 모아긴뜨기 2개) × 7번 반복
17단 : 63코 = (긴뜨기 8개 + 모아긴뜨기 2개) × 7번 반복
18단 : 63코 = 한길긴뜨기 63개
19단 : 63코 = (앞걸어뜨기 1개 + 뒤걸어뜨기 1개) × 31번 반복 + 앞걸어뜨기 1개
20단 : 63코 = (앞걸어뜨기 1개 + 뒤걸어뜨기 1개) × 31번 반복 + 앞걸어뜨기 1개
21단 : 63코 = (앞걸어뜨기 1개 + 뒤걸어뜨기 1개) × 31번 반복 + 앞걸어뜨기 1개

모자 모양 컵뚜껑 방울

코바늘 호수 : 3호

방울이 완성되면 컵 뚜껑의 2번째 단에
돗바늘로 꿰매어 달아줍니다.

1단 : 6코 = 짧은뜨기 6개

2단 : 12코 = 한 코에 짧은뜨기 2개 × 6번 반복

3단 : 18코 = (짧은뜨기 1개 + 한 코에 짧은뜨기 2개) × 6번 반복

4단 : 24코 = (짧은뜨기 2개 + 한 코에 짧은뜨기 2개) × 6번 반복

5단 : 24코 = 짧은뜨기 48개

6단 : 24코 = 짧은뜨기 48개

7단 : 18코 = (짧은 모아뜨기 1개 + 짧은뜨기 2개) × 6번 반복

8단 : 12코 = (짧은 모아뜨기 1개 + 짧은뜨기 1개) × 6번 반복

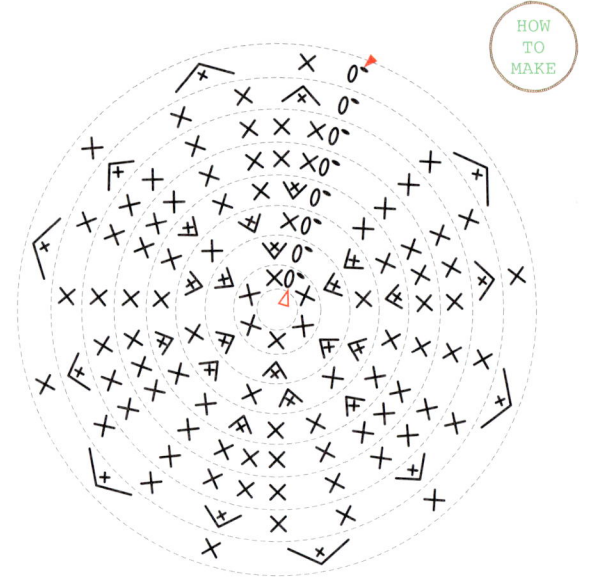

모자 모양 컵 뚜껑 안쪽

코바늘 호수 : 3호

모자모양 컵 뚜껑 안쪽이 완성되면
컵 뚜껑 17째 단에 돗바늘로 연결해줍니다.

1단 : 12코 = 긴뜨기 12개
2단 : 24코 = 한 코에 긴뜨기 2개 × 12번 반복
3단 : 36코 = (긴뜨기 1개 + 한 코에 긴뜨기 2개) × 12번 반복
4단 : 48코 = (긴뜨기 2개 + 한 코에 긴뜨기 2개) × 12번 반복
5단 : 60코 = (긴뜨기 3개 + 한 코에 긴뜨기 2개) × 12번 반복
6단 : 63코 = 한 코에 긴뜨기 2개 + 긴뜨기 18개 +
한 코에 긴뜨기 2개 + 긴뜨기 19개 +
한 코에 긴뜨기 2개 + 긴뜨기 20개

HOW
TO
MAKE

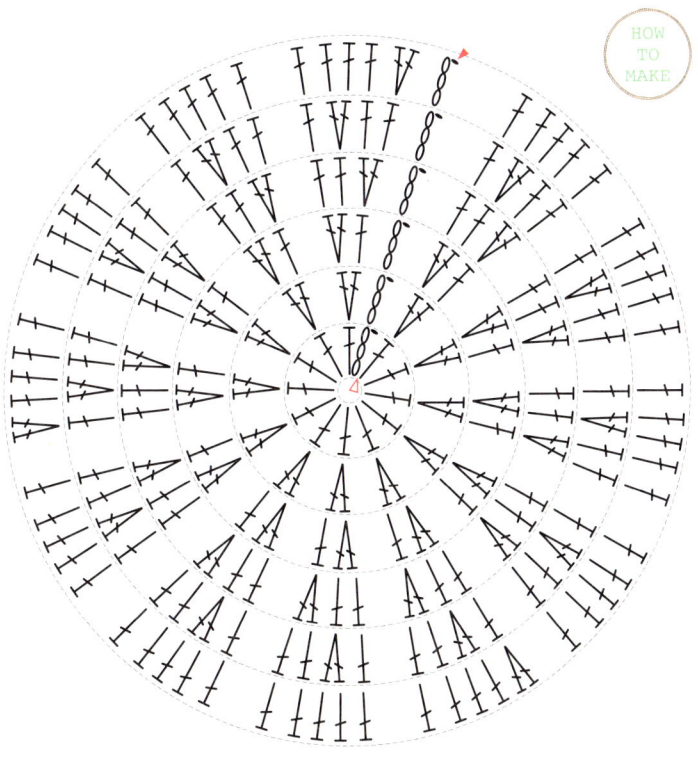

25 원형 쿠션 커버

원형 쿠션 커버

코바늘 호수 : 3호

다음 도안을 2개 완성합니다. 2개의 가장자리를 짧은뜨기로 같이 떠주며 쿠션에 씌워줍니다.
(원형쿠션 50cm 사이즈에 맞는 도안입니다. 쿠션의 사이즈에 따라 단의 수를 조절해보세요.)

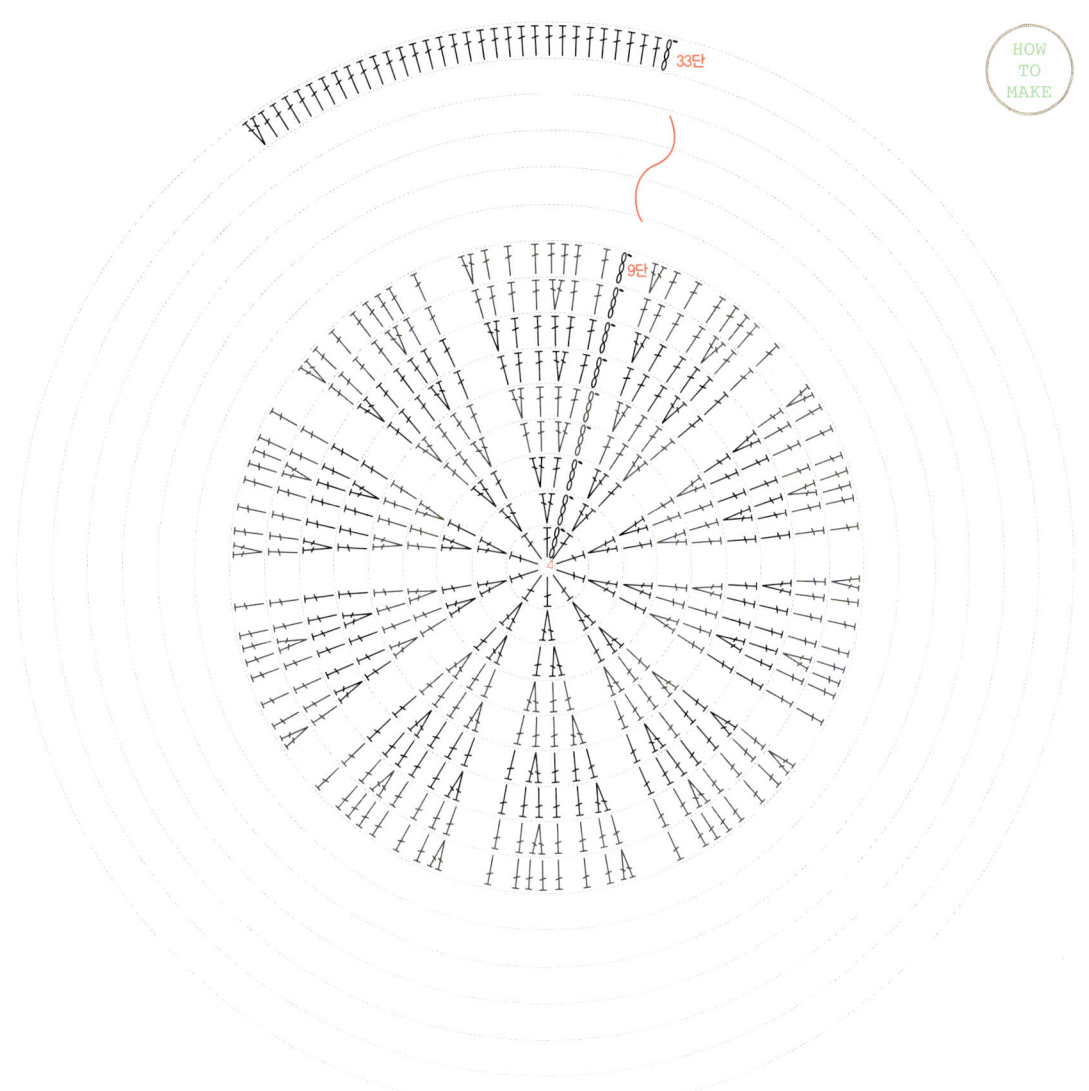

33단

9단

1단 : 10코 = 한길긴뜨기 10개
2단 : 20코 = 한 코에 한길긴뜨기 2개 × 10번 반복
3단 : 30코 = (한길긴뜨기 1개 + 한 코에 한길긴뜨기 2개) × 10번 반복
4단 : 40코 = (한길긴뜨기 2개 + 한 코에 한길긴뜨기 2개) × 10번 반복
5단 : 50코 = (한길긴뜨기 3개 + 한 코에 한길긴뜨기 2개) × 10번 반복
6단 : 60코 = (한길긴뜨기 4개 + 한 코에 한길긴뜨기 2개) × 10번 반복
7단 : 70코 = (한길긴뜨기 5개 + 한 코에 한길긴뜨기 2개) × 10번 반복
8단 : 80코 = (한길긴뜨기 6개 + 한 코에 한길긴뜨기 2개) × 10번 반복
9단 : 90코 = (한길긴뜨기 7개 + 한 코에 한길긴뜨기 2개) × 10번 반복
10단:100코 = (한길긴뜨기 8개 + 한 코에 한길긴뜨기 2개) × 10번 반복
11단:110코 = (한길긴뜨기 9개 + 한 코에 한길긴뜨기 2개) × 10번 반복
12단:120코 = (한길긴뜨기 10개 + 한 코에 한길긴뜨기 2개) × 10번 반복
13단:130코 = (한길긴뜨기 11개 + 한 코에 한길긴뜨기 2개) × 10번 반복
14단:140코 = (한길긴뜨기 12개 + 한 코에 한길긴뜨기 2개) × 10번 반복
15단:150코 = (한길긴뜨기 13개 + 한 코에 한길긴뜨기 2개) × 10번 반복
16단:160코 = (한길긴뜨기 14개 + 한 코에 한길긴뜨기 2개) × 10번 반복
17단:170코 = (한길긴뜨기 15개 + 한 코에 한길긴뜨기 2개) × 10번 반복

17단:170코 = (한길긴뜨기 15개 + 한 코에 한길긴뜨기 2개) × 10번 반복
18단:180코 = (한길긴뜨기 16개 + 한 코에 한길긴뜨기 2개) × 10번 반복
19단:190코 = (한길긴뜨기 17개 + 한 코에 한길긴뜨기 2개) × 10번 반복
20단:200코 = (한길긴뜨기 18개 + 한 코에 한길긴뜨기 2개) × 10번 반복
21단:210코 = (한길긴뜨기 19개 + 한 코에 한길긴뜨기 2개) × 10번 반복
22단:220코 = (한길긴뜨기 20개 + 한 코에 한길긴뜨기 2개) × 10번 반복
23단:230코 = (한길긴뜨기 21개 + 한 코에 한길긴뜨기 2개) × 10번 반복
24단:240코 = (한길긴뜨기 22개 + 한 코에 한길긴뜨기 2개) × 10번 반복
25단:250코 = (한길긴뜨기 23개 + 한 코에 한길긴뜨기 2개) × 10번 반복
26단:260코 = (한길긴뜨기 24개 + 한 코에 한길긴뜨기 2개) × 10번 반복
27단:270코 = (한길긴뜨기 25개 + 한 코에 한길긴뜨기 2개) × 10번 반복
28단:280코 = (한길긴뜨기 26개 + 한 코에 한길긴뜨기 2개) × 10번 반복
29단:290코 = (한길긴뜨기 27개 + 한 코에 한길긴뜨기 2개) × 10번 반복
30단:300코 = (한길긴뜨기 28개 + 한 코에 한길긴뜨기 2개) × 10번 반복
31단:310코 = (한길긴뜨기 29개 + 한 코에 한길긴뜨기 2개) × 10번 반복
32단:320코 = (한길긴뜨기 30개 + 한 코에 한길긴뜨기 2개) × 10번 반복
33단:330코 = (한길긴뜨기 31개 + 한 코에 한길긴뜨기 2개) × 10번 반복

부엉이(몸체)

코바늘 호수 : 3호

• 1~32단(부엉이 몸체)까지 뜬 다음 계속 이어서 33~38단(오른쪽 귀)까지 완성합니다.

• 실을 끊고 왼쪽 귀 부분을 떠줍니다.

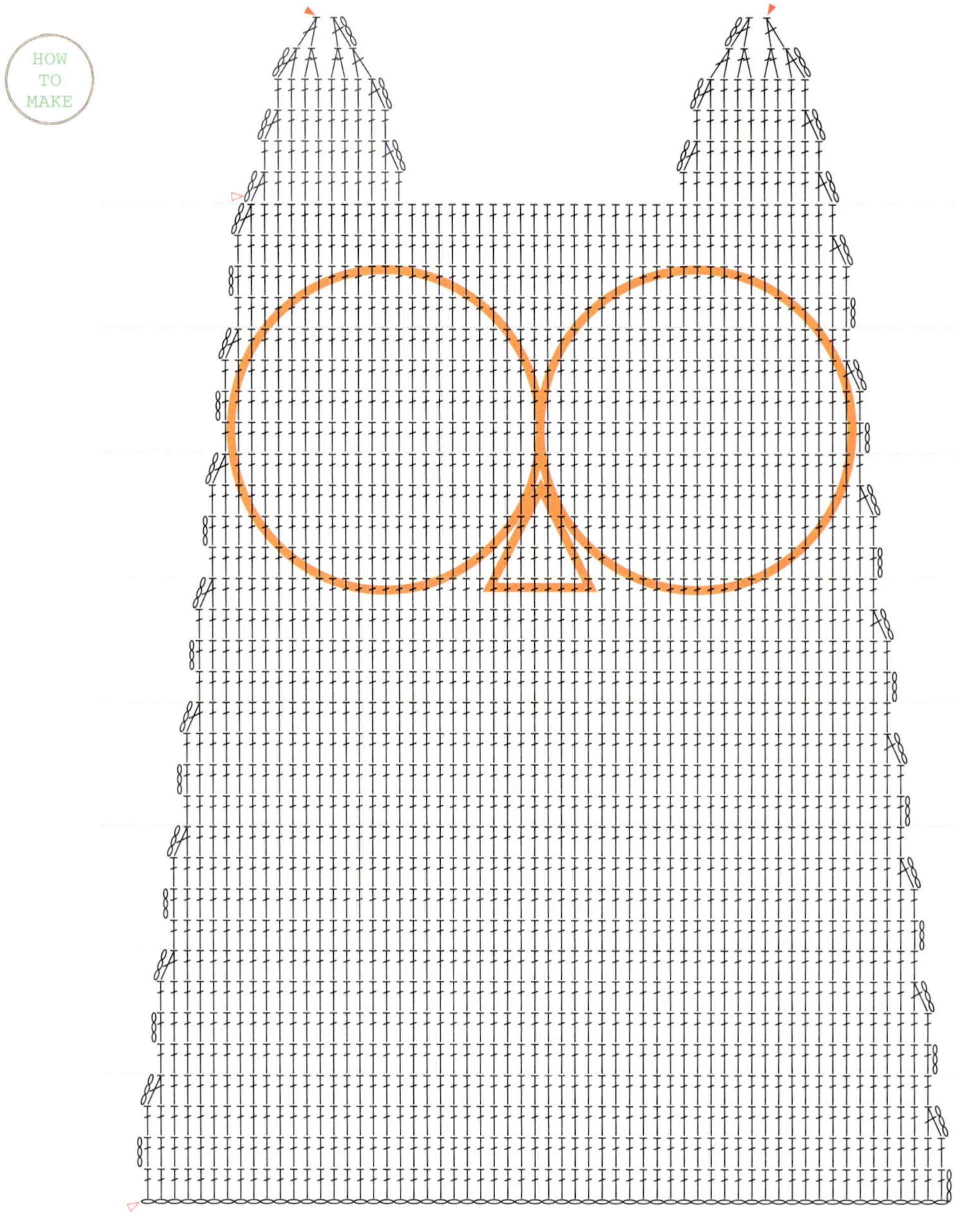

HOW
TO
MAKE

1단 : 60코 = 한길긴뜨기 60개

2단 : 60코 = 한길긴뜨기 60개

3단 : 59코 = 한길긴뜨기 모아뜨기 1개 + 한길긴뜨기 58개

4단 : 58코 = 한길긴뜨기 57개 + 한길긴뜨기 모아뜨기 1개

5단 : 58코 = 한길긴뜨기 58개

6단 : 58코 = 한길긴뜨기 58개

7단 : 57코 = 한길긴뜨기 모아뜨기 1개 + 한길긴뜨기 56개

8단 : 56코 = 한길긴뜨기 55개 + 한길긴뜨기 모아뜨기 1개

9단 : 56코 = 한길긴뜨기 56개

10단 : 56코 = 한길긴뜨기 56개

11단 : 55코 = 한길긴뜨기 모아뜨기 1개 + 한길긴뜨기 54개

12단 : 54코 = 한길긴뜨기 53개 + 한길긴뜨기 모아뜨기 1개

13단 : 54코 = 한길긴뜨기 54개

14단 : 54코 = 한길긴뜨기 54개

15단 : 53코 = 한길긴뜨기 모아뜨기 1개 + 한길긴뜨기 52개

16단 : 52코 = 한길긴뜨기 51개 + 한길긴뜨기 모아뜨기 1개

17단 : 52코 = 한길긴뜨기 52개

18단 : 52코 = 한길긴뜨기 52개

19단 : 51코 = 한길긴뜨기 모아뜨기 1개 + 한길긴뜨기 50개

20단 : 50코 = 한길긴뜨기 49개 + 한길긴뜨기 모아뜨기 1개

21단 : 50코 = 한길긴뜨기 50개

22단 : 50코 = 한길긴뜨기 50개

23단 : 49코 = 한길긴뜨기 모아뜨기 1개 + 한길긴뜨기 48개

24단 : 48코 = 한길긴뜨기 47개 + 한길긴뜨기 모아뜨기 1개

25단 : 48코 = 한길긴뜨기 48개

26단 : 48코 = 한길긴뜨기 48개

27단 : 47코 = 한길긴뜨기 모아뜨기 1개 + 한길긴뜨기 46개

28단 : 46코 = 한길긴뜨기 45개 + 한길긴뜨기 모아뜨기 1개

29단 : 46코 = 한길긴뜨기 46개

30단 : 46코 = 한길긴뜨기 46개

31단 : 45코 = 한길긴뜨기 모아뜨기 1개 + 한길긴뜨기 44개

32단 : 44코 = 한길긴뜨기 43개 + 한길긴뜨기 모아뜨기 1개

33단 : 11코 = 한길긴뜨기 모아뜨기 1개 + 한길긴뜨기 10개

34단 : 10코 = 한길긴뜨기 9개 + 한길긴뜨기 모아뜨기 1개

35단 : 9코 = 한길긴뜨기 모아뜨기 1개 + 한길긴뜨기 8개

36단 : 8코 = 한길긴뜨기 7개 + 한길긴뜨기 모아뜨기 1개

37단 : 4코 = 한길긴뜨기 모아뜨기 4개

38단 : 2코 = 한길긴뜨기 모아뜨기 2개

부엉이(눈) 2개

코바늘 호수 : 3호
부엉이 눈이 완성되면 실을 여유 있게 남겨두고 자른 뒤,
부엉이 몸체의 단에 돗바늘로 부착합니다.

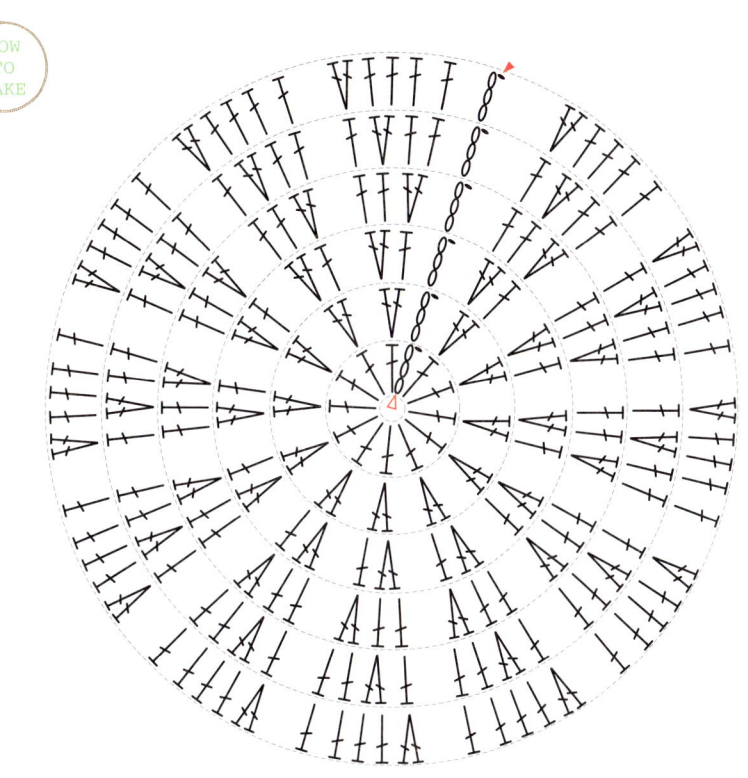

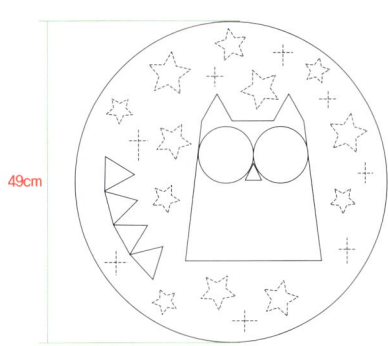

49cm

1단 : 12코   = 한길긴뜨기 12개
2단 : 24코   = (한코에 한길긴뜨기 2개) × 12번 반복
3단 : 36코   = (한길긴뜨기 1개 + 한코에 한길긴뜨기 2개) × 12번 반복
4단 : 48코   = (한길긴뜨기 2개 + 한코에 한길긴뜨기 2개) × 12번 반복
5단 : 60코   = (한길긴뜨기 3개 + 한코에 한길긴뜨기 2개) × 12번 반복
6단 : 72코   = (한길긴뜨기 4개 + 한코에 한길긴뜨기 2개) × 12번 반복

부엉이(코)

코바늘 호수 : 3호

부엉이 코가 완성되면 실을 여유 있게 남겨두고 자른 뒤,
부엉이 몸체의 단에 돗바늘로 부착합니다.

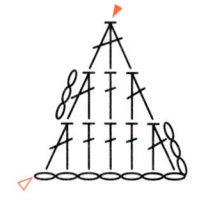

삼각형 모티브

코바늘 호수 : 3호

삼각 모티브 4개가 완성되면 실을 여유 있게 남겨두고 자른 뒤,
쿠션커버 원단에 돗바늘로 부착합니다.

1단 : 13코 = 한길긴뜨기 모아뜨기 1개 + 한길긴뜨기 11개 + 한길긴뜨기 모아뜨기 1개
2단 : 11코 = 한길긴뜨기 모아뜨기 1개 + 한길긴뜨기 9개 + 한길긴뜨기 모아뜨기 1개
3단 : 9코 = 한길긴뜨기 모아뜨기 1개 + 한길긴뜨기 7개 + 한길긴뜨기 모아뜨기 1개
4단 : 7코 = 한길긴뜨기 모아뜨기 1개 + 한길긴뜨기 5개 + 한길긴뜨기 모아뜨기 1개
5단 : 5코 = 한길긴뜨기 모아뜨기 1개 + 한길긴뜨기 3개 + 한길긴뜨기 모아뜨기 1개
6단 : 3코 = 한길긴뜨기 모아뜨기 1개 + 한길긴뜨기 1개 + 한길긴뜨기 모아뜨기 1개
7단 : 1코 = 1코 + 한길긴뜨기 3코 모아뜨기 1개

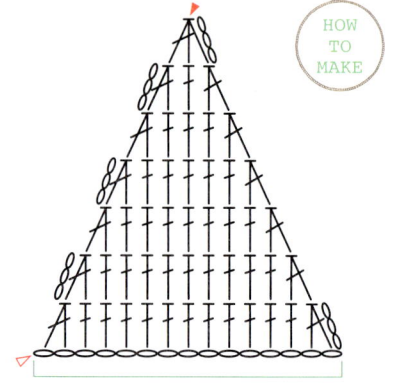

쿠션
뒷면

나무(대)
·●·●·●·●·●·●·●·●·●·●·

코바늘 호수 : 3호
나무(대)가 완성되면 마무리하고
돗바늘로 쿠션 커버 원단에 부착시킵니다.

49cm

나무(소)
·●·●·●·●·●·●·●·●·●·●·

코바늘 호수 : 3호
나무(소)가 완성되면 마무리하고
돗바늘로 쿠션 커버 원단에 부착시킵니다.

나무(대)

나무(대) – 위

나무 (대) – 아래

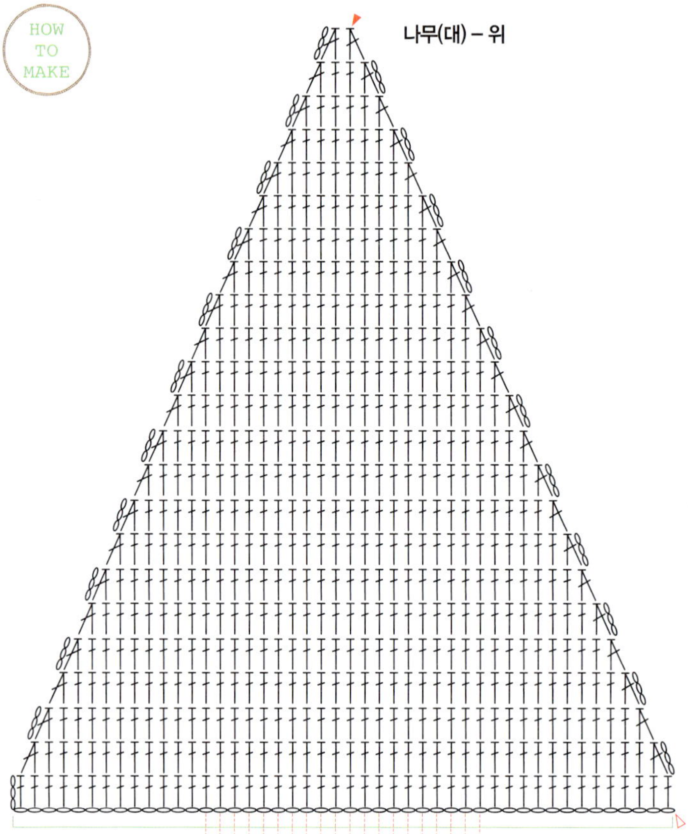

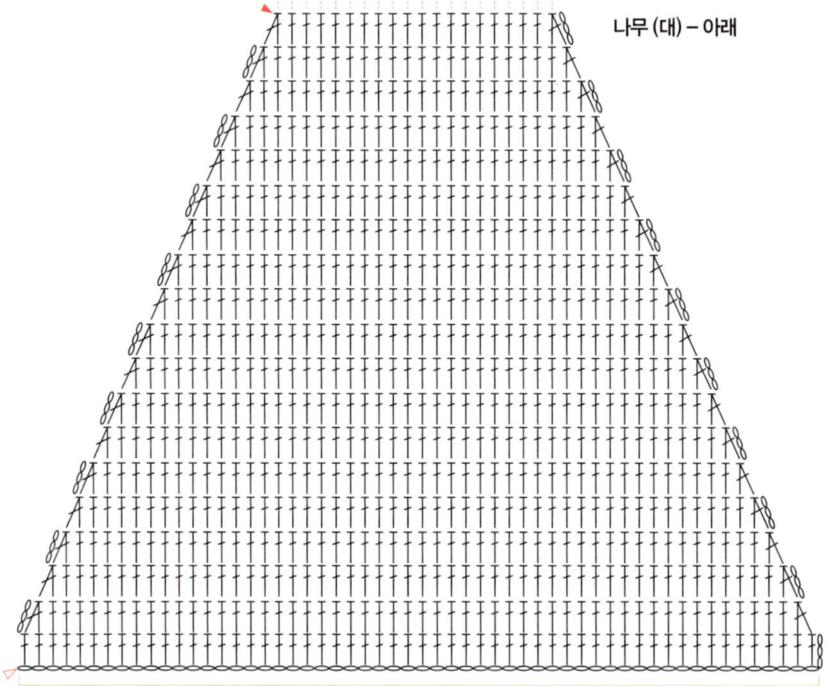

나무 (대) – 위

1단 : 46코   = 한길긴뜨기 46개)
2단 : 44코   = 한길긴뜨기 모아뜨기 1개 + 한길긴뜨기 42개 + 한길긴뜨기 모아뜨기 1개
3단 : 42코   = 한길긴뜨기 모아뜨기 1개 + 한길긴뜨기 40개 + 한길긴뜨기 모아뜨기 1개
4단 : 40코   = 한길긴뜨기 모아뜨기 1개 + 한길긴뜨기 38개 + 한길긴뜨기 모아뜨기 1개
5단 : 38코   = 한길긴뜨기 모아뜨기 1개 + 한길긴뜨기 36개 + 한길긴뜨기 모아뜨기 1개
6단 : 36코   = 한길긴뜨기 모아뜨기 1개 + 한길긴뜨기 34개 + 한길긴뜨기 모아뜨기 1개
7단 : 34코   = 한길긴뜨기 모아뜨기 1개 + 한길긴뜨기 32개 + 한길긴뜨기 모아뜨기 1개
8단 : 32코   = 한길긴뜨기 모아뜨기 1개 + 한길긴뜨기 30개 + 한길긴뜨기 모아뜨기 1개
9단 : 30코   = 한길긴뜨기 모아뜨기 1개 + 한길긴뜨기 28개 + 한길긴뜨기 모아뜨기 1개
10단 : 28코   = 한길긴뜨기 모아뜨기 1개 + 한길긴뜨기 26개 + 한길긴뜨기 모아뜨기 1개
11단 : 26코   = 한길긴뜨기 모아뜨기 1개 + 한길긴뜨기 24개 + 한길긴뜨기 모아뜨기 1개
12단 : 24코   = 한길긴뜨기 모아뜨기 1개 + 한길긴뜨기 22개 + 한길긴뜨기 모아뜨기 1개
13단 : 22코   = 한길긴뜨기 모아뜨기 1개 + 한길긴뜨기 20개 + 한길긴뜨기 모아뜨기 1개
14단 : 20코   = 한길긴뜨기 모아뜨기 1개 + 한길긴뜨기 18개 + 한길긴뜨기 모아뜨기 1개
15단 : 18코   = 한길긴뜨기 모아뜨기 1개 + 한길긴뜨기 16개 + 한길긴뜨기 모아뜨기 1개
16단 : 16코   = 한길긴뜨기 모아뜨기 1개 + 한길긴뜨기 14개 + 한길긴뜨기 모아뜨기 1개
17단 : 14코   = 한길긴뜨기 모아뜨기 1개 + 한길긴뜨기 12개 + 한길긴뜨기 모아뜨기 1개
18단 : 12코   = 한길긴뜨기 모아뜨기 1개 + 한길긴뜨기 10개 + 한길긴뜨기 모아뜨기 1개
19단 : 10코   = 한길긴뜨기 모아뜨기 1개 + 한길긴뜨기 8개 + 한길긴뜨기 모아뜨기 1개
20단 : 8코   = 한길긴뜨기 모아뜨기 1개 + 한길긴뜨기 6개 + 한길긴뜨기 모아뜨기 1개
21단 : 6코   = 한길긴뜨기 모아뜨기 1개 + 한길긴뜨기 4개 + 한길긴뜨기 모아뜨기 1개
22단 : 4코   = 한길긴뜨기 모아뜨기 1개 + 한길긴뜨기 2개 + 한길긴뜨기 모아뜨기 1개
23단 : 2코   = 한길긴뜨기 모아뜨기 2개

나무 (대) – 아래

1단 : 56코   = 한길긴뜨기 56개
2단 : 54코   = 한길긴뜨기 모아뜨기 1개 + 한길긴뜨기 52개 + 한길긴뜨기 모아뜨기 1개
3단 : 52코   = 한길긴뜨기 모아뜨기 1개 + 한길긴뜨기 50개 + 한길긴뜨기 모아뜨기 1개
4단 : 50코   = 한길긴뜨기 모아뜨기 1개 + 한길긴뜨기 48개 + 한길긴뜨기 모아뜨기 1개
5단 : 48코   = 한길긴뜨기 모아뜨기 1개 + 한길긴뜨기 46개 + 한길긴뜨기 모아뜨기 1개
6단 : 46코   = 한길긴뜨기 모아뜨기 1개 + 한길긴뜨기 44개 + 한길긴뜨기 모아뜨기 1개
7단 : 44코   = 한길긴뜨기 모아뜨기 1개 + 한길긴뜨기 42개 + 한길긴뜨기 모아뜨기 1개
8단 : 42코   = 한길긴뜨기 모아뜨기 1개 + 한길긴뜨기 40개 + 한길긴뜨기 모아뜨기 1개
9단 : 40코   = 한길긴뜨기 모아뜨기 1개 + 한길긴뜨기 38개 + 한길긴뜨기 모아뜨기 1개
10단 : 38코   = 한길긴뜨기 모아뜨기 1개 + 한길긴뜨기 36개 + 한길긴뜨기 모아뜨기 1개
11단 : 36코   = 한길긴뜨기 모아뜨기 1개 + 한길긴뜨기 34개 + 한길긴뜨기 모아뜨기 1개
12단 : 34코   = 한길긴뜨기 모아뜨기 1개 + 한길긴뜨기 32개 + 한길긴뜨기 모아뜨기 1개
13단 : 32코   = 한길긴뜨기 모아뜨기 1개 + 한길긴뜨기 30개 + 한길긴뜨기 모아뜨기 1개
14단 : 30코   = 한길긴뜨기 모아뜨기 1개 + 한길긴뜨기 28개 + 한길긴뜨기 모아뜨기 1개
15단 : 28코   = 한길긴뜨기 모아뜨기 1개 + 한길긴뜨기 26개 + 한길긴뜨기 모아뜨기 1개
16단 : 26코   = 한길긴뜨기 모아뜨기 1개 + 한길긴뜨기 24개 + 한길긴뜨기 모아뜨기 1개
17단 : 24코   = 한길긴뜨기 모아뜨기 1개 + 한길긴뜨기 22개 + 한길긴뜨기 모아뜨기 1개
18단 : 22코   = 한길긴뜨기 모아뜨기 1개 + 한길긴뜨기 20개 + 한길긴뜨기 모아뜨기 1개
19단 : 20코   = 한길긴뜨기 모아뜨기 1개 + 한길긴뜨기 18개 + 한길긴뜨기 모아뜨기 1개

나무(소)

HOW
TO
MAKE

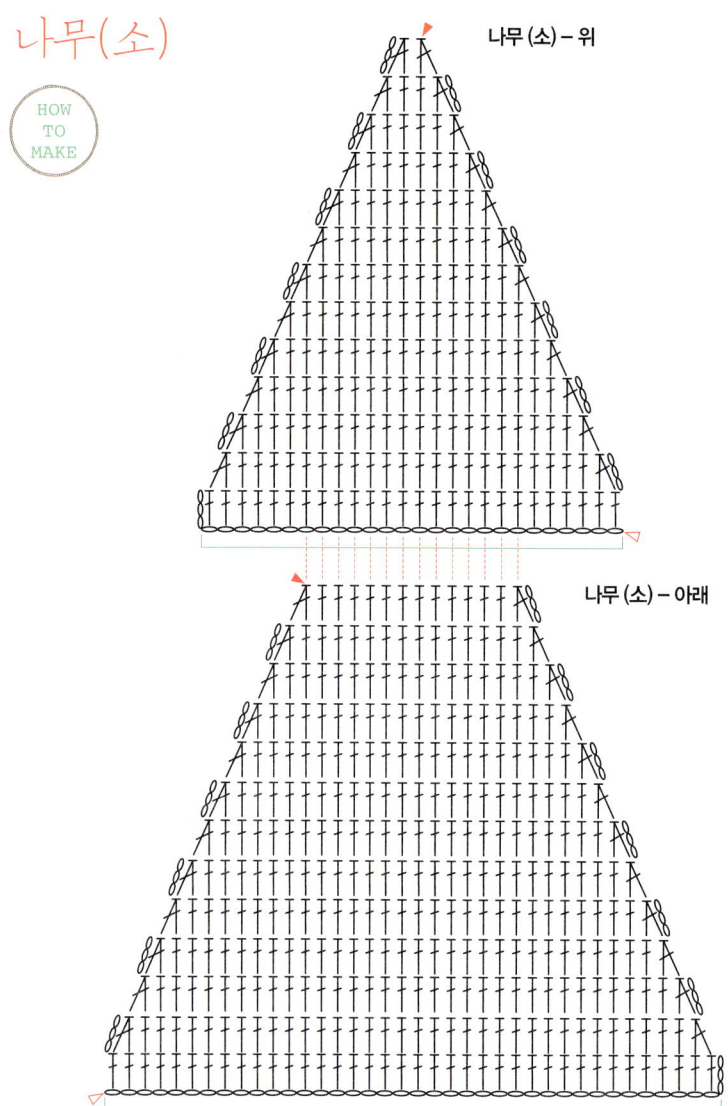

나무 (소) – 위

나무 (소) – 아래

나무 (소) – 위

1단 : 26코 = 한길긴뜨기 26개
2단 : 24코 = 한길긴뜨기 모아뜨기 1개 + 한길긴뜨기 22개 + 한길긴뜨기 모아뜨기 1개
3단 : 22코 = 한길긴뜨기 모아뜨기 1개 + 한길긴뜨기 20개 + 한길긴뜨기 모아뜨기 1개
4단 : 20코 = 한길긴뜨기 모아뜨기 1개 + 한길긴뜨기 18개 + 한길긴뜨기 모아뜨기 1개
5단 : 18코 = 한길긴뜨기 모아뜨기 1개 + 한길긴뜨기 16개 + 한길긴뜨기 모아뜨기 1개
6단 : 16코 = 한길긴뜨기 모아뜨기 1개 + 한길긴뜨기 14개 + 한길긴뜨기 모아뜨기 1개
7단 : 14코 = 한길긴뜨기 모아뜨기 1개 + 한길긴뜨기 12개 + 한길긴뜨기 모아뜨기 1개
8단 : 12코 = 한길긴뜨기 모아뜨기 1개 + 한길긴뜨기 10개 + 한길긴뜨기 모아뜨기 1개
9단 : 10코 = 한길긴뜨기 모아뜨기 1개 + 한길긴뜨기 8개 + 한길긴뜨기 모아뜨기 1개
10단 : 8코 = 한길긴뜨기 모아뜨기 1개 + 한길긴뜨기 6개 + 한길긴뜨기 모아뜨기 1개
11단 : 6코 = 한길긴뜨기 모아뜨기 1개 + 한길긴뜨기 4개 + 한길긴뜨기 모아뜨기 1개
12단 : 4코 = 한길긴뜨기 모아뜨기 1개 + 한길긴뜨기 2개 + 한길긴뜨기 모아뜨기 1개
13단 : 2코 = 한길긴뜨기 모아뜨기 2개

나무 (소) – 아래

1단 : 38코 = 한길긴뜨기 38개)
2단 : 36코 = 한길긴뜨기 모아뜨기 1개 + 한길긴뜨기 34개 + 한길긴뜨기 모아뜨기 1개
3단 : 34코 = 한길긴뜨기 모아뜨기 1개 + 한길긴뜨기 32개 + 한길긴뜨기 모아뜨기 1개
4단 : 32코 = 한길긴뜨기 모아뜨기 1개 + 한길긴뜨기 30개 + 한길긴뜨기 모아뜨기 1개
5단 : 30코 = 한길긴뜨기 모아뜨기 1개 + 한길긴뜨기 28개 + 한길긴뜨기 모아뜨기 1개
6단 : 28코 = 한길긴뜨기 모아뜨기 1개 + 한길긴뜨기 26개 + 한길긴뜨기 모아뜨기 1개
7단 : 26코 = 한길긴뜨기 모아뜨기 1개 + 한길긴뜨기 24개 + 한길긴뜨기 모아뜨기 1개
8단 : 24코 = 한길긴뜨기 모아뜨기 1개 + 한길긴뜨기 22개 + 한길긴뜨기 모아뜨기 1개
9단 : 22코 = 한길긴뜨기 모아뜨기 1개 + 한길긴뜨기 20개 + 한길긴뜨기 모아뜨기 1개
10단 : 20코 = 한길긴뜨기 모아뜨기 1개 + 한길긴뜨기 18개 + 한길긴뜨기 모아뜨기 1개
11단 : 18코 = 한길긴뜨기 모아뜨기 1개 + 한길긴뜨기 16개 + 한길긴뜨기 모아뜨기 1개
12단 : 16코 = 한길긴뜨기 모아뜨기 1개 + 한길긴뜨기 14개 + 한길긴뜨기 모아뜨기 1개
13단 : 14코 = 한길긴뜨기 모아뜨기 1개 + 한길긴뜨기 12개 + 한길긴뜨기 모아뜨기 1개

쿠션 옆면

코바늘 호수 : 3호

- 사슬뜨기 40코로 시작합니다.
- 한길긴뜨기로 한 단에 40코씩 떠주며 4단마다 컬러를 바꿔줍니다.
- 총 208단까지 완성되면 여유분 실을 40cm 정도 남기고 잘라줍니다.
- 완성된 쿠션 앞면과 뒷면의 가장자리를 두르듯이 돗바늘로 버튼홀 스티치해줍니다.
- 이때 한길긴뜨기 한 단에 스티치 한 땀 정도로 간격을 조절하며 바느질합니다.
  (처음 시작한 부분과 끝부분이 만날 수 있도록 위치를 잘 조절해주세요.)
- 앞면과 뒷면 모두 연결이 완료되면 쿠션 옆면의 맨 처음 단과
  마지막 단을 돗바늘로 연결해 마무리합니다.

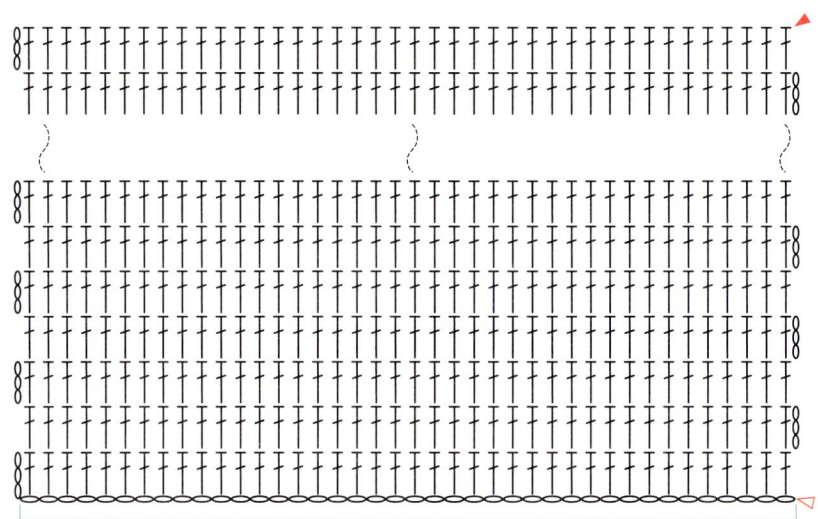

원형 모티브

코바늘 호수 : 5호

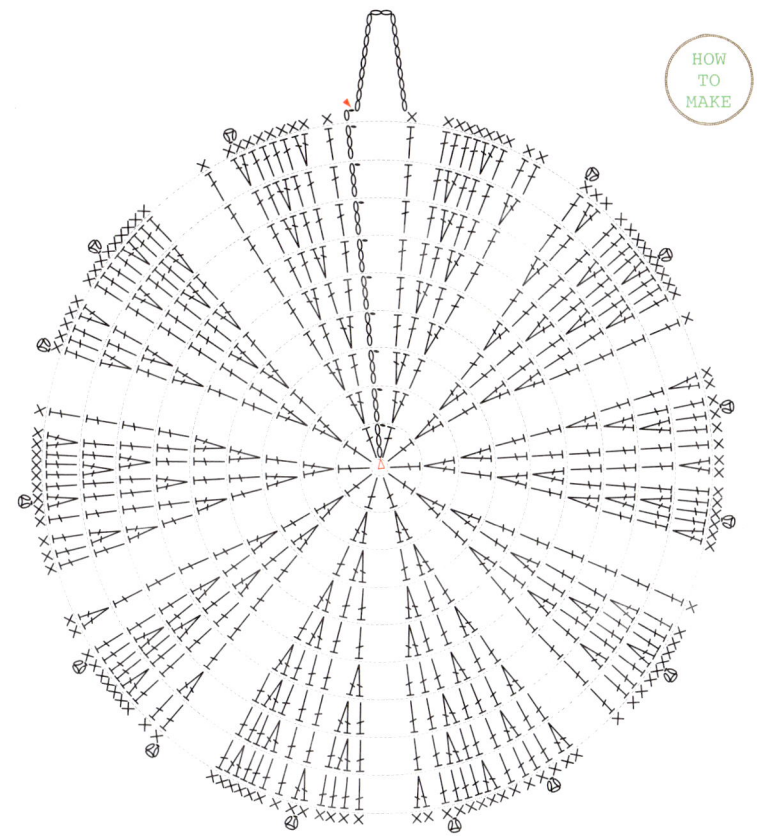

1단 : 10코 ＝ 한길긴뜨기 10개

2단 : 20코 ＝ (한 코에 한길긴뜨기 2개) × 10번 반복

3단 : 30코 ＝ (한길긴뜨기 1코 + 한 코에 한길긴뜨기 2개) × 10번 반복

4단 : 40코 ＝ (한길긴뜨기 2코 + 한 코에 한길긴뜨기 2개) × 10번 반복

5단 : 53코 ＝ (한길긴뜨기 2코 + 한 코에 한길긴뜨기 2개) × 13번 반복 + 한길긴뜨기 1코

6단 : 66코 ＝ (한길긴뜨기 3코 + 한 코에 한길긴뜨기 2개) × 13번 반복 + 한길긴뜨기 1코

7단 : 82코 ＝ (한길긴뜨기 3코 + 한 코에 한길긴뜨기 2개) × 16번 반복 + 한길긴뜨기 2코

8단 : 102코 ＝ (한길긴뜨기 3코 + 한 코에 한길긴뜨기 2개) × 20번 반복 + 한길긴뜨기 2코

9단 : 122코 ＝ (한길긴뜨기 4코 + 한 코에 한길긴뜨기 2개) × 16번 반복 + 한길긴뜨기 6코

10단 : 122코 ＝ (짧은뜨기 8개 + 피코뜨기 1개) × 14번 반복 + 짧은뜨기 10개 + 사슬뜨기 20개

육각 모티브

코바늘 호수 : 5호

원형 짧은 뜨기로 시작합니다.
(한길긴뜨기 구슬뜨기 + 사슬뜨기 3코)를 6번 반복한 이후
한길 긴뜨기와 사슬뜨기로 도안과 같이 진행하며 완성합니다.
제일 마지막 단, 마지막 코에서는 걸이용으로
사슬뜨기 20코를 만들어 빼뜨기로 마무리합니다.

HOW TO MAKE

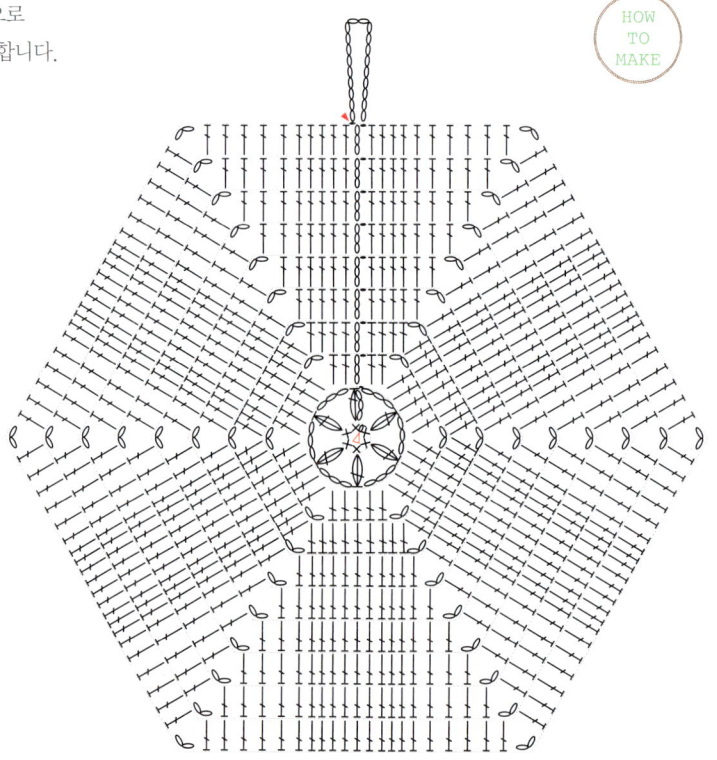

사각 모티브

코바늘 호수 : 5호

기본 모티브 4개를 완성한 뒤 서로 이어줍니다.
이어준 다음 바깥 라인을 짧은뜨기로 2단 떠주고,
한길긴뜨기로 1단을 떠주며 마무리합니다.

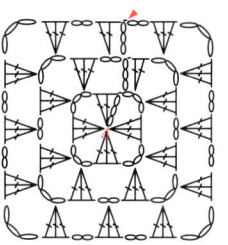

 HOW TO MAKE

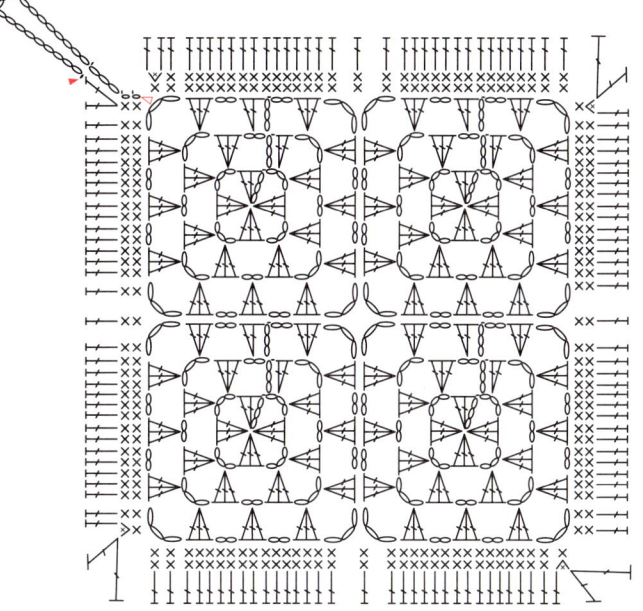

고깔모자

코바늘 호수 : 5호

- 1단은 한길긴뜨기 5코 원형뜨기로 시작합니다.
- 1~2단까지 같은 컬러의 실로 뜬 다음 3단에서 5단까지 실 컬러를 바꾸고 6단부터는 다른 컬러로 바꿔줍니다.
- 점차 코수를 늘려 14단까지 뜬 다음 15단에서 '빼뜨기 9코+피코뜨기'를 6번 반복하고 마무리합니다.

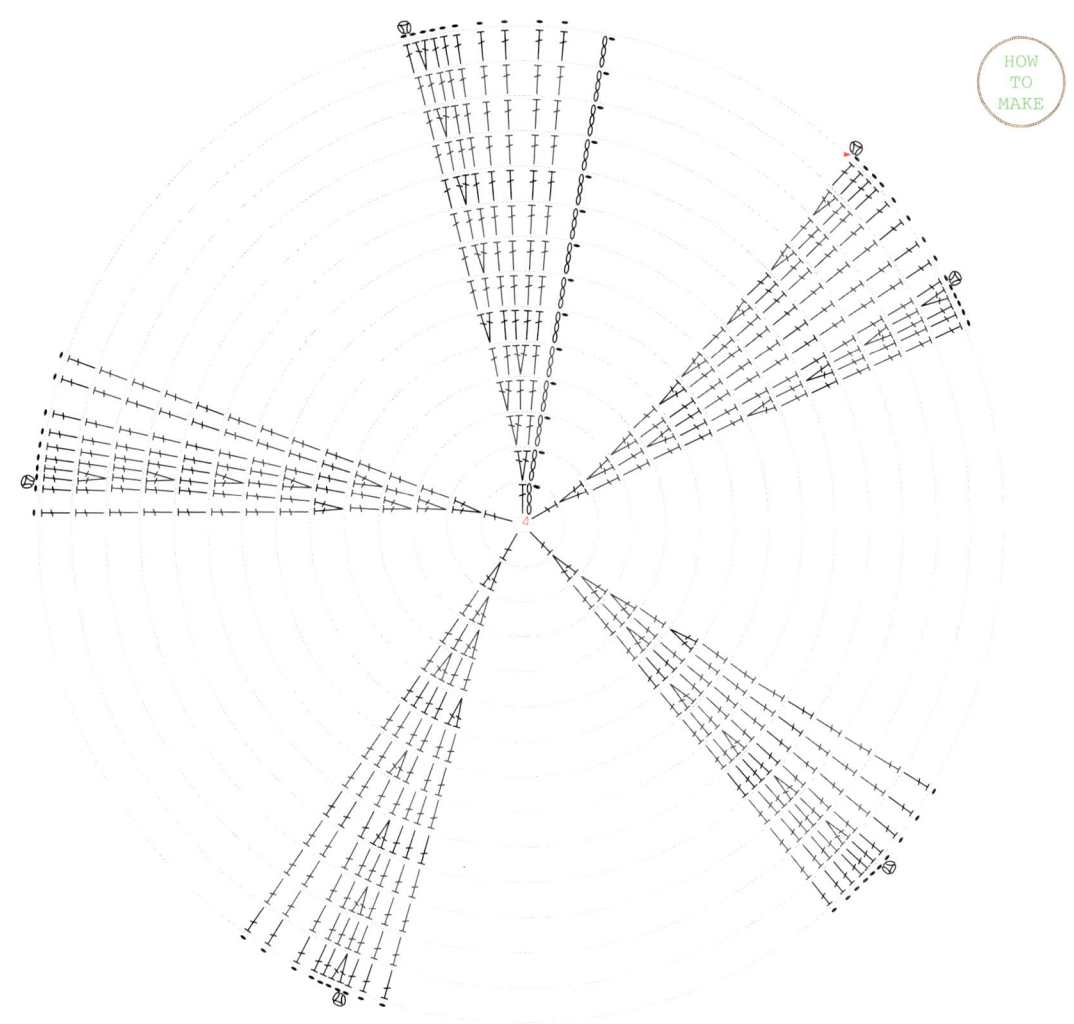

1단 : 5코 = 한길긴뜨기 5코	9단 : 39코 = (한길긴뜨기 11코 + 한 코에 한길긴뜨기 2개) × 3코
2단 : 10코 = (한 코에 한길긴뜨기 2개) × 5코	10단 : 42코 = (한길긴뜨기 12코 + 한 코에 한길긴뜨기 2개) × 3코
3단 : 15코 = (한길긴뜨기 1코 + 한 코에 한길긴뜨기 2개) × 5코	11단 : 45코 = (한길긴뜨기 13코 + 한 코에 한길긴뜨기 2개) × 3코
4단 : 20코 = (한길긴뜨기 2코 + 한 코에 한길긴뜨기 2개) × 5코	12단 : 48코 = (한길긴뜨기 14코 + 한 코에 한길긴뜨기 2개) × 3코
5단 : 25코 = (한길긴뜨기 3코 + 한 코에 한길긴뜨기 2개) × 5코	13단 : 51코 = (한길긴뜨기 15코 + 한 코에 한길긴뜨기 2개) × 3코
6단 : 30코 = (한길긴뜨기 4코 + 한 코에 한길긴뜨기 2개) × 5코	14단 : 54코 = (한길긴뜨기 16코 + 한 코에 한길긴뜨기 2개) × 3코
7단 : 33코 = (한길긴뜨기 9코 + 한 코에 한길긴뜨기 2개) × 3코	15단 : 54코 = (빼뜨기 9개 + 피코뜨기 1개) × 6번 반복
8단 : 36코 = (한길긴뜨기 10코 + 한 코에 한길긴뜨기 2개) × 3코	

참치캔 커버

코바늘 호수 : 3호
작은 참치캔 사이즈에 맞는 도안입니다.

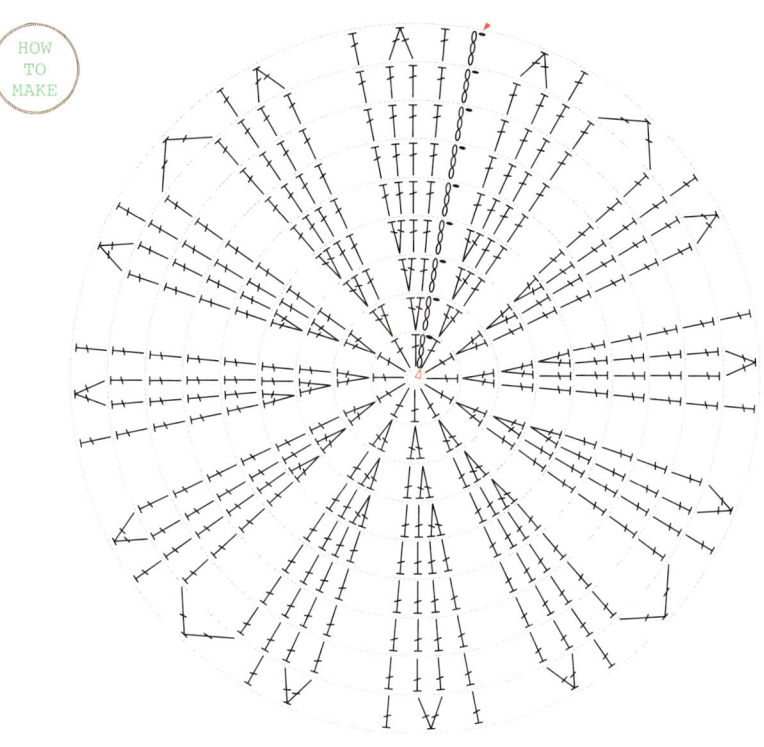

HOW
TO
MAKE

1단 : 12코 = 한길긴뜨기 12개
2단 : 24코 = (한 코에 한길긴뜨기 2개) × 12번 반복
3단 : 36코 = (한길긴뜨기 1개 + 한 코에 한길긴뜨기 2개) × 12번 반복
4단 : 48코 = (한길긴뜨기 2개 + 한 코에 한길긴뜨기 2개) × 12번 반복
5단 : 48코 = 한길긴뜨기 48개
6단 : 48코 = 한길긴뜨기 48개
7단 : 48코 = 한길긴뜨기 48개
8단 : 48코 = 한길긴뜨기 48개
9단 : 32코 = (한길긴뜨기 1개 + 한길긴뜨기 모아뜨기 1개) × 16번 반복

카메라 스트랩

코바늘 호수 : 3호

- 1단 : 4코 = (긴뜨기 4개) ~ 144단 : 4코 = (긴뜨기 4개)
  1단에서 144단까지 스트랩을 감싸면서 짧은뜨기를 해줍니다.
  (긴뜨기 한 단에 짧은뜨기 2개)
  짧은뜨기가 마무리되면 스트랩 양쪽 끝에
  (한길긴뜨기 4개 + 한길긴뜨기 모아뜨기 1개)
  (한길긴뜨기 모아뜨기 1개 + 한길긴뜨기 1개 + 한길긴뜨기 모아뜨기 1개)
  (한길긴뜨기 3개)를 총 18단 떠줍니다.
- 양쪽 끝이 다 완성되면 카메라에 끈을 연결하고 돗바늘로 꿰매 마무리합니다.

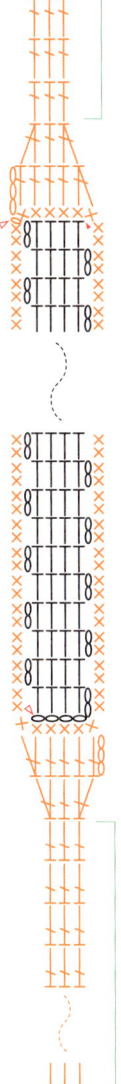

사과/딸기 북홀더끈

코바늘 호수 : 1호

- 빼뜨기 후 실을 여유 있게 남겨둡니다.
- 완성된 사과의 정중앙 부분에 돗바늘이나 코바늘로 고정시켜줍니다.

 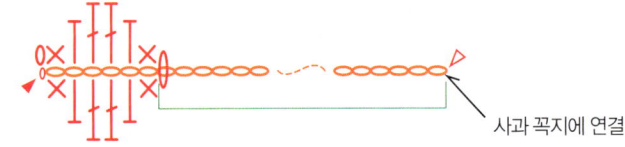

사과 꼭지에 연결

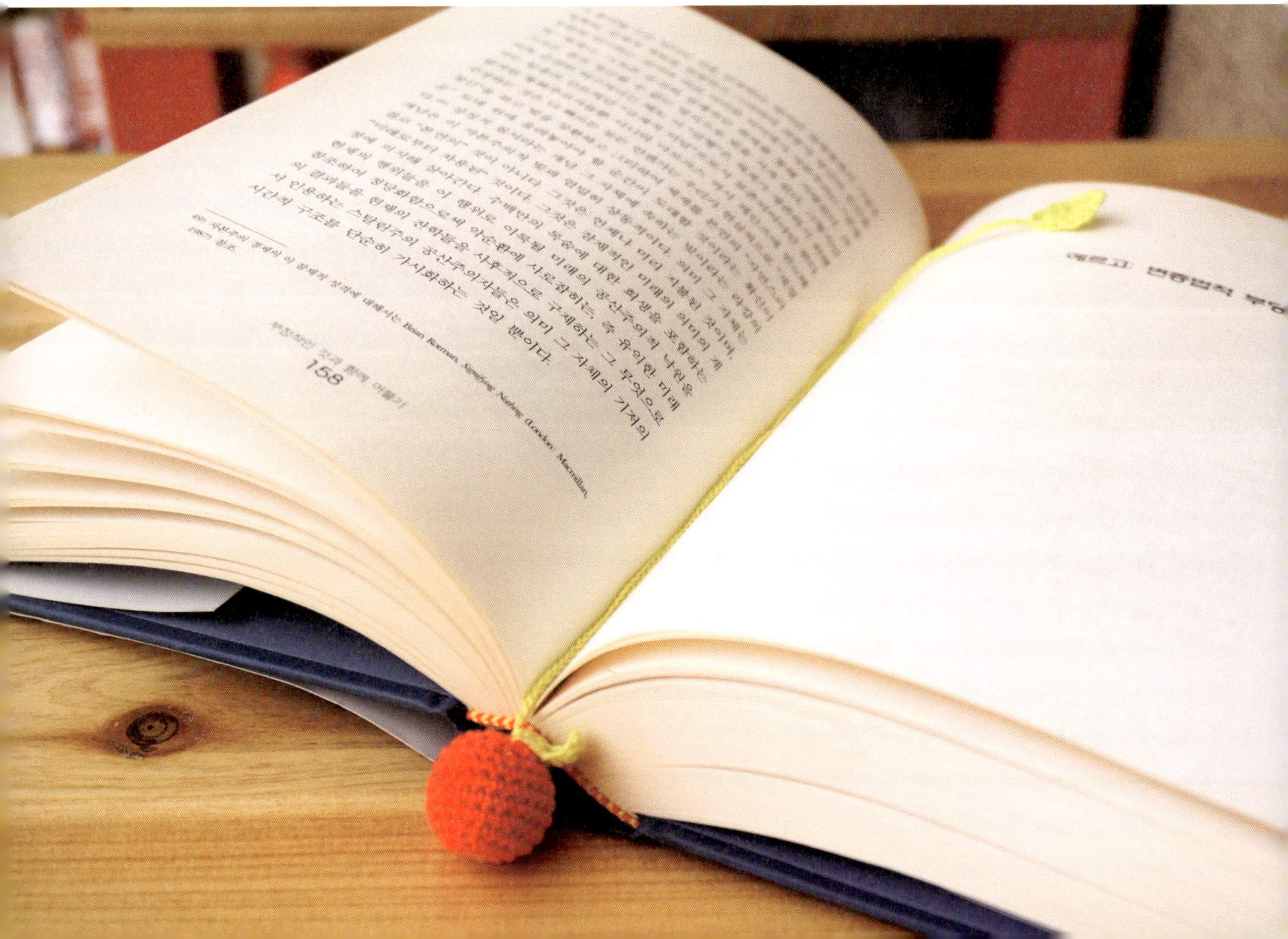

사과

코바늘 호수 : 1호

9~10번째 단에서 솜을 넣은 후 11단까지 마무리해주세요.

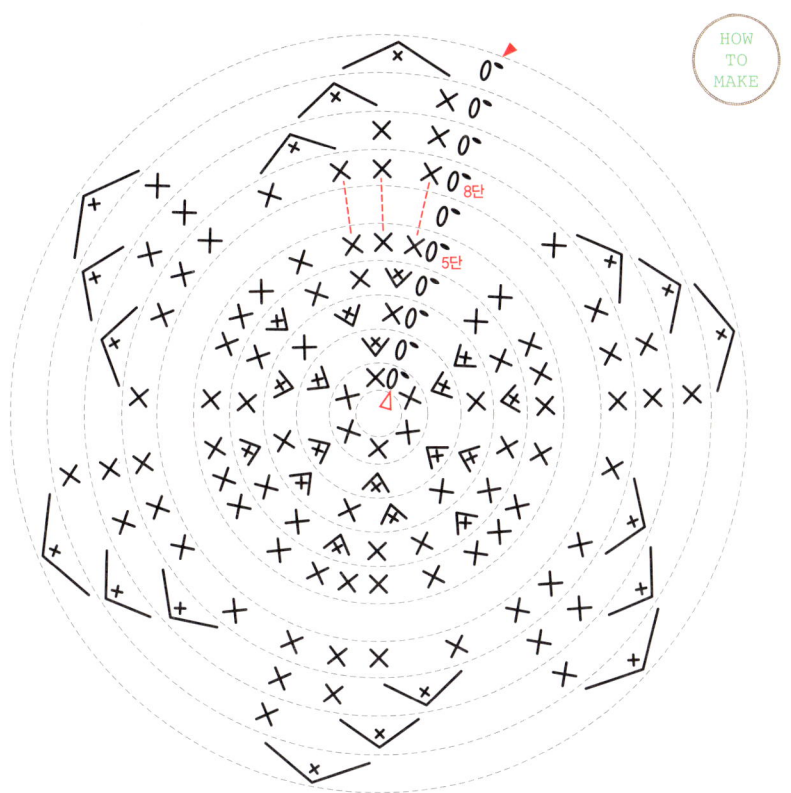

HOW
TO
MAKE

1단 : 6코   = 짧은뜨기 6개

2단 : 12코   = (한 코에 짧은뜨기 2개) × 6번 반복

3단 : 18코   = (짧은뜨기 1개 + 한 코에 짧은뜨기 2개) × 6번 반복

4단 : 24코   = (짧은뜨기 2개 + 한 코에 짧은뜨기 2개) × 6번 반복

5단 : 24코   = 짧은뜨기 24개

6단 : 24코   = 짧은뜨기 24개

7단 : 24코   = 짧은뜨기 24개

8단 : 24코   = 짧은뜨기 24개

9단 : 18코   = (짧은뜨기 2개 + 짧은 모아뜨기 1개) × 6번 반복

10단 : 12코 = (짧은뜨기 1개 + 짧은 모아뜨기 1개) × 6번 반복

11단 : 6코   = 짧은 모아뜨기 6개

사과 꼭지

코바늘 호수 : 1호

• 빼뜨기 후 실을 여유 있게 남겨둡니다.

• 완성된 사과의 정중앙 부분에 돗바늘이나
  코바늘로 고정시켜줍니다.

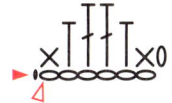

딸기

코바늘 호수 : 1호

10~11번째 단에서 솜을 넣은 후 13단까지 마무리해주세요.

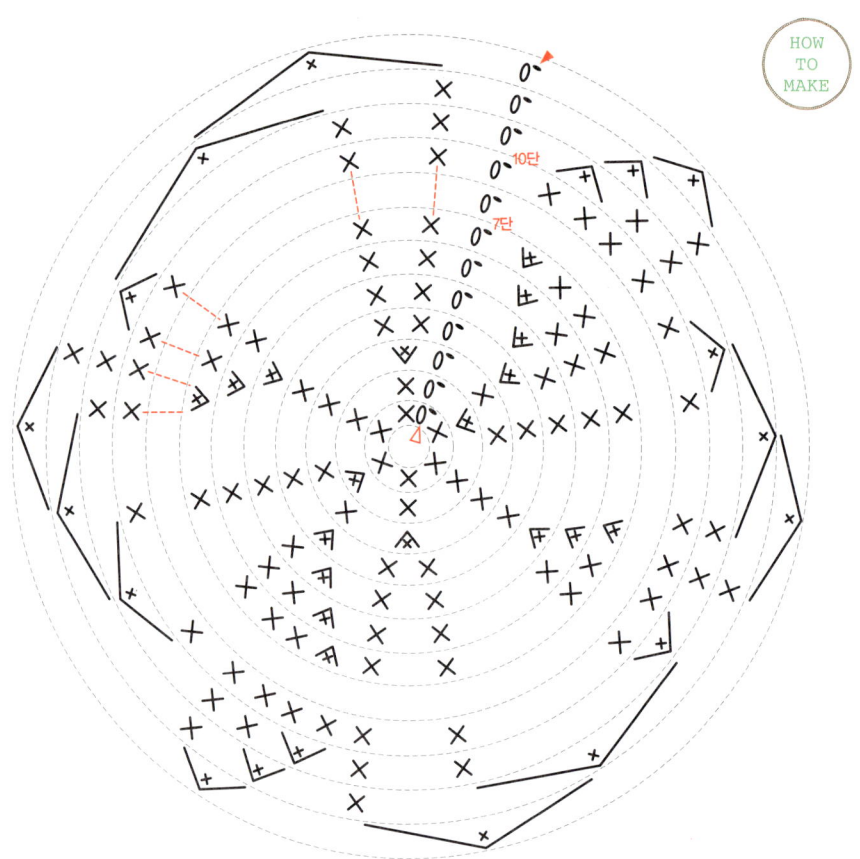

HOW TO MAKE

10단

7단

1단 : 6코 = 짧은뜨기 6개

2단 : 8코 = (짧은뜨기 2개 + 한 코에 짧은뜨기 2개) × 2번 반복

3단 : 10코 = (짧은뜨기 3개 + 한 코에 짧은뜨기 2개) × 2번 반복

4단 : 12코 = (짧은뜨기 4개 + 한 코에 짧은뜨기 2개) × 2번 반복

5단 : 16코 = (짧은뜨기 2개 + 한 코에 짧은뜨기 2개) × 4번 반복

6단 : 20코 = (짧은뜨기 3개 + 한 코에 짧은뜨기 2개) × 4번 반복

7단 : 24코 = (짧은뜨기 4개 + 한 코에 짧은뜨기 2개) × 4번 반복

8단 : 24코 = 짧은뜨기 24개

9단 : 24코 = 짧은뜨기 24개

10단 : 24코 = 짧은뜨기 24개

11단 : 18코 = (짧은뜨기 2개 + 짧은 모아뜨기 1개) × 6번 반복

12단 : 12코 = (짧은뜨기 1개 + 짧은 모아뜨기 1개) × 6번 반복

13단 : 6코 = 짧은 모아뜨기 6개

딸기 꼭지

코바늘 호수 : 1호

- 빼뜨기 후 실을 여유 있게 남겨둡니다.
- 완성된 사과의 정중앙 부분에 돗바늘이나 코바늘로 고정시켜줍니다.

HOW
TO
MAKE

와인보틀홀더(모자)

코바늘 호수 : 5호

- 1단은 긴뜨기 6코로 시작합니다.
- 마지막 3단은 앞걸어뜨기, 뒤걸어뜨기를 반복하며 마무리합니다.
- 뜨기가 완성되면 그림과 같이 솔방울을 만들어 1단 중앙에 묶어 고정시켜줍니다.
- 마지막 3단을 바깥방향으로 반으로 접어 와인병 입구에 씌워줍니다.

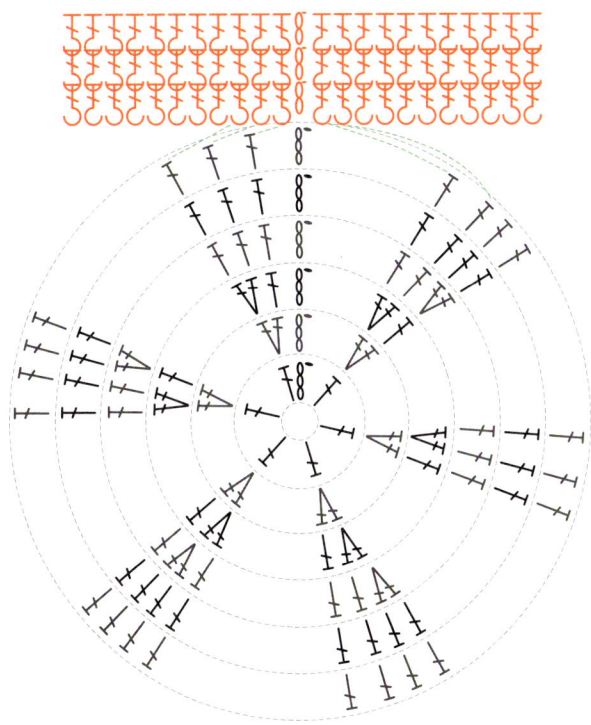

1단 : 6코   = 한길긴뜨기 6개

2단 : 12코   = 한길긴뜨기 2개 × 6번 반복

3단 : 18코   = (한길긴뜨기 1개 + 한 코에 한길긴뜨기 2개) × 6번 반복

4단 : 22코   = (한길긴뜨기 3개 + 한 코에 한길긴뜨기 2개) × 4번 반복 +
              한길긴뜨기 2개

5단 : 22코   = 한길긴뜨기 22개

6단 : 22코   = 한길긴뜨기 22개

7단 : 22코   = (앞걸어뜨기 1개 + 뒤걸어뜨기 1개) × 11번 반복

8단 : 22코   = (앞걸어뜨기 1개 + 뒤걸어뜨기 1개) × 11번 반복

9단 : 22코   = (앞걸어뜨기 1개 + 뒤걸어뜨기 1개) × 11번 반복

와인보틀 홀더(목도리)

코바늘 호수 : 5호

- 1단은 긴뜨기 3코로 시작합니다.
- 2단마다 컬러를 바꿔줍니다.
- 뜨기가 완성되면 첫 단과 마지막 단에 1코에 2개씩 그림과 같이 실을 걸어 묶어줍니다
  (실 길이 : 2.5cm).

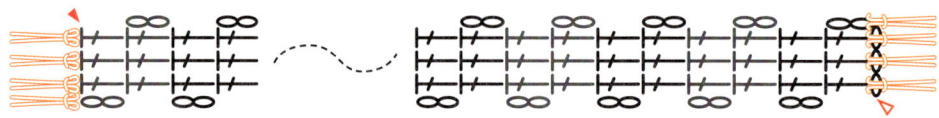

와인보틀 홀더(모자 방울)

32 일회용컵 재활용 소품함 커버

일회용컵 뚜껑 커버

코바늘 호수 : 5호

단마다 실 컬러를 바꿔 떠줍니다.

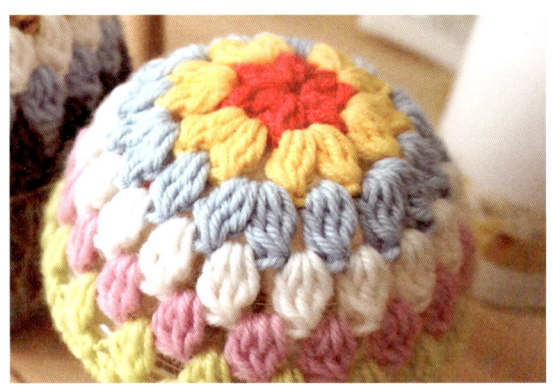

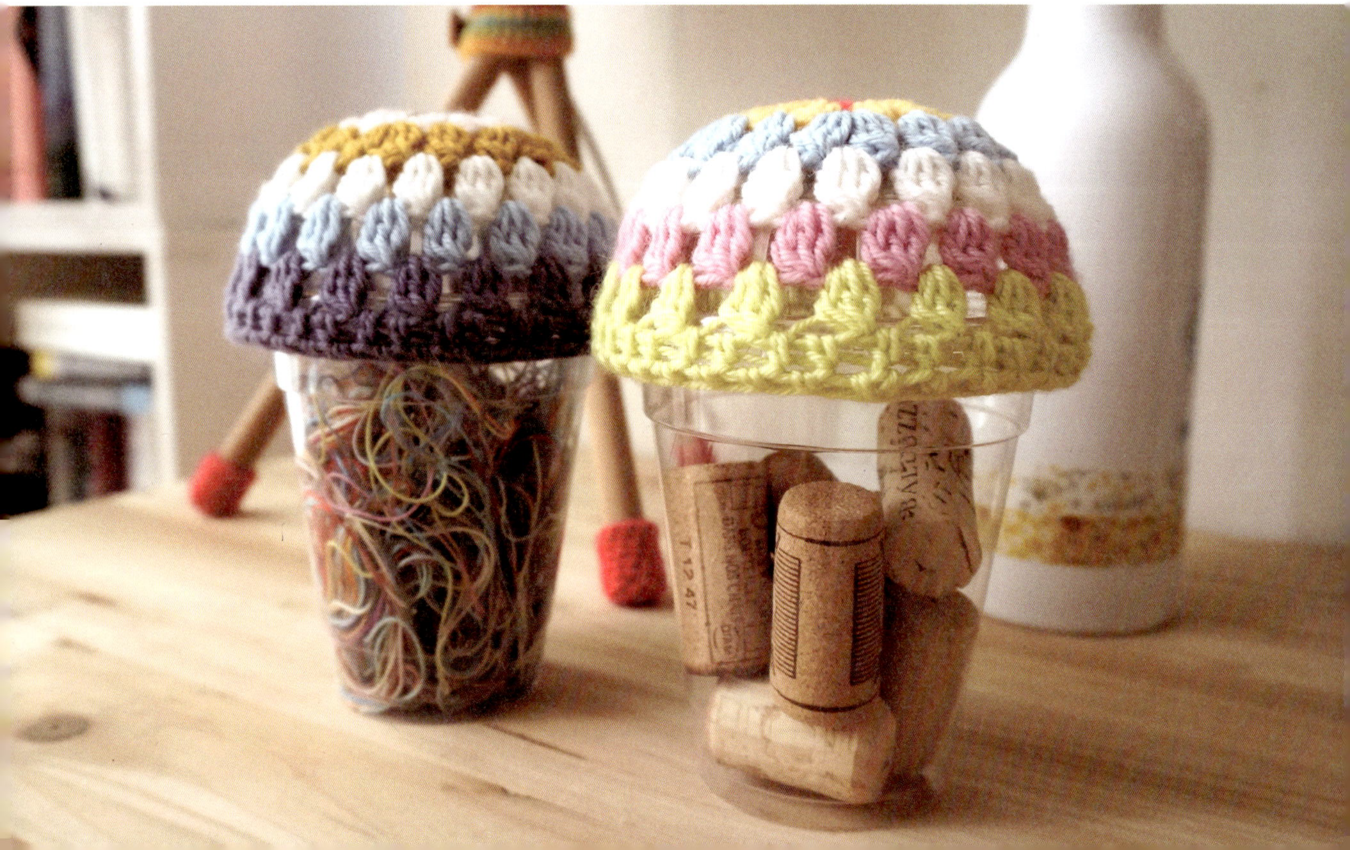

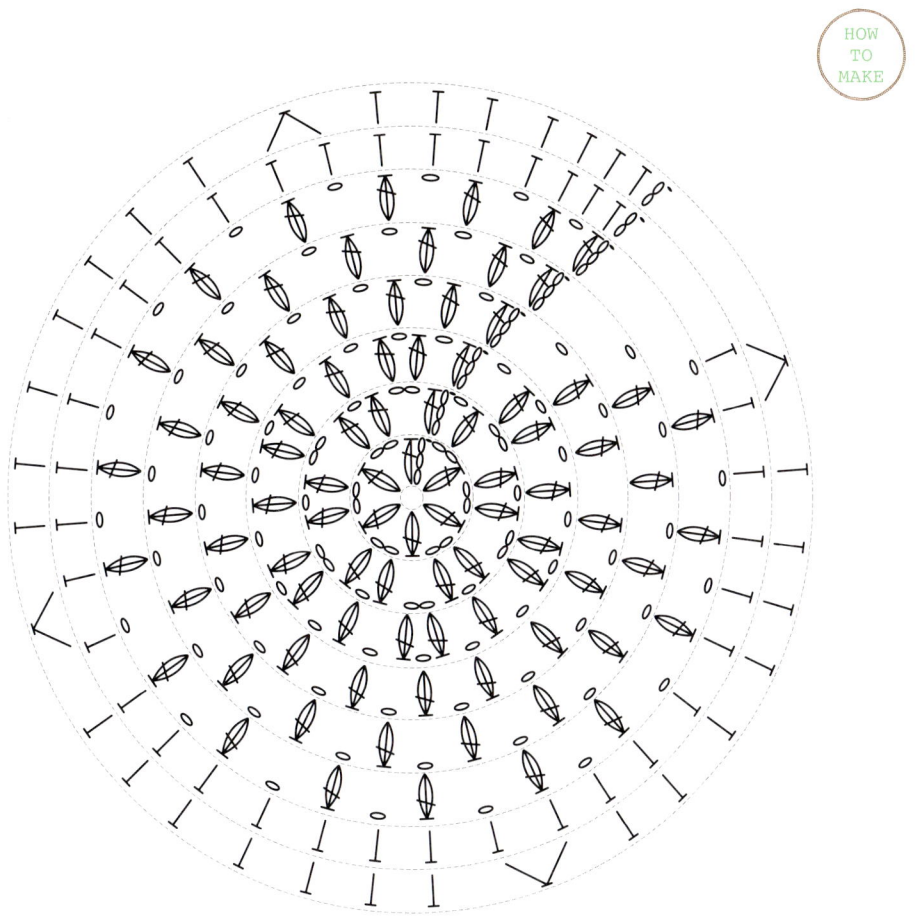

1단 = (한길긴뜨기 3코 구슬뜨기 1개 + 사슬뜨기 2개) × 6번 반복
2단 = (한길긴뜨기 3코 구슬뜨기 1개 + 사슬뜨기 2개 +
　　　한길긴뜨기 3코 구슬뜨기 1개 + 사슬뜨기 1개) × 6번 반복
3단 = (한길긴뜨기 3코 구슬뜨기 1개 + 사슬뜨기 1개) × 18번 반복
4단 = (한길긴뜨기 3코 구슬뜨기 1개 + 사슬뜨기 1개) × 18번 반복
5단 = (한길긴뜨기 3코 구슬뜨기 1개 + 사슬뜨기 1개) × 18번 반복
6단 = (한길긴뜨기 3코 구슬뜨기 1개 + 사슬뜨기 1개) × 18번 반복
7단 = 한길긴뜨기 36개
8단 = (한길긴뜨기 7개 + 한길긴뜨기 모아뜨기 1개) × 4번 반복

머그컵 홀더

코바늘 호수 : 5호

컵 사이즈 : 8x10cm

- 1단은 사슬뜨기 61코로 시작합니다.
- 2~3단은 짧은뜨기 61코로 떠준 다음 실 컬러를 바꿔줍니다.
- 4단부터 한 단마다 컬러를 바꿔가며 떠준 다음, 13단부터 15단까지 짧은뜨기 61코를 떠주고,
  16단은 빼뜨기로 마무리합니다.
- 16단 61코까지 빼뜨기한 다음 실을 끊지 않고 바로 이어서 사슬뜨기 20코를 떠주고
  13단에 빼뜨기로 마무리하여 단추걸이를 만들어줍니다.

1단 = 사슬뜨기 61개

2단 = 짧은뜨기 61개

3단 = 짧은뜨기 61개

4단 = (짧은뜨기 1개 + 한길긴뜨기 1개 + 사슬뜨기 1개 +
한길긴뜨기 3코 구슬뜨기 1개 + 사슬뜨기 1개 + 한길긴뜨기 1개) ×
10번 반복 + 짧은뜨기 1개

5단 = (사슬뜨기 1개 + 한길긴뜨기 1개 + (짧은뜨기 1개 + 한길긴뜨기 1개 +
사슬뜨기 1개 + 한길긴뜨기 3코 구슬뜨기 1개 + 사슬뜨기 1개 +
한길긴뜨기 1개) × 9번 반복) + 짧은뜨기 1개 + 한길긴뜨기 1개 +
사슬뜨기 한개 + 한길긴뜨기 1개

6단 = (짧은뜨기 1개 + 한길긴뜨기 1개 + 사슬뜨기 1개 + 한길긴뜨기 3코 구슬뜨기 1개 +
사슬뜨기 1개 + 한길긴뜨기 1개) × 10번 반복 + 짧은뜨기 1개

7단 = (사슬뜨기 1개 + 한길긴뜨기 1개 + (짧은뜨기 1개 + 한길긴뜨기 1개 + 사슬뜨기 1개 +
한길긴뜨기 3코 구슬뜨기 1개 + 사슬뜨기 1개 + 한길긴뜨기 1개) × 9번 반복) +
짧은뜨기 1개 + 한길긴뜨기 1개 + 사슬뜨기 한개 + 한길긴뜨기 1개

8단 = (짧은뜨기 1개 + 한길긴뜨기 1개 + 사슬뜨기 1개 + 한길긴뜨기 3코 구슬뜨기 1개 +
사슬뜨기 1개 + 한길긴뜨기 1개) × 10번 반복 + 짧은뜨기 1개

9단 = (사슬뜨기 1개 + 한길긴뜨기 1개 + (짧은뜨기 1개 + 한길긴뜨기 1개 + 사슬뜨기 1개 +
한길긴뜨기 3코 구슬뜨기 1개 + 사슬뜨기 1개 + 한길긴뜨기 1개) × 9번 반복) +
짧은뜨기 1개 + 한길긴뜨기 1개 + 사슬뜨기 한개 + 한길긴뜨기 1개

10단 = (짧은뜨기 1개 + 한길긴뜨기 1개 + 사슬뜨기 1개 + 한길긴뜨기 3코 구슬뜨기 1개 +
사슬뜨기 1개 + 한길긴뜨기 1개) × 10번 반복 + 짧은뜨기 1개

11단 = (사슬뜨기 1개 + 한길긴뜨기 1개 + (짧은뜨기 1개 + 한길긴뜨기 1개 + 사슬뜨기 1개 +
한길긴뜨기 3코 구슬뜨기 1개 + 사슬뜨기 1개 + 한길긴뜨기 1개) × 9번 반복) +
짧은뜨기 1개 + 한길긴뜨기 1개 + 사슬뜨기 한개 + 한길긴뜨기 1개

12단 = (짧은뜨기 1개 + 한길긴뜨기 1개 + 사슬뜨기 1개 + 한길긴뜨기 3코 구슬뜨기 1개 +
사슬뜨기 1개 + 한길긴뜨기 1개) × 10번 반복 + 짧은뜨기 1개)

13단 = (긴뜨기 1개 + 사슬뜨기 5개) × 10번 반복 + 긴뜨기 1개

14단 = 짧은뜨기 61개

15단 = 짧은뜨기 61개

16단 = 빼뜨기 61개

실을 끊지 않고 바로 이어서 사슬뜨기 20코를 떠주고 13단에 빼뜨기로 마무리하여 단추걸이를 만들어줍니다.

34 부엉이 벙어리장갑

부엉이 벙어리장갑(남성용)

코바늘 호수 : 5호

- 여성용 장갑은 4단 36코에서 마무리한 다음, 5~17단까지 한길긴뜨기 36코 /
  18~23단까지 한길긴뜨기, 앞걸어뜨기+뒤걸어뜨기를 반복하여 마무리합니다.
- 1~5단까지 마무리되면 실 컬러를 바꿔 진행합니다.

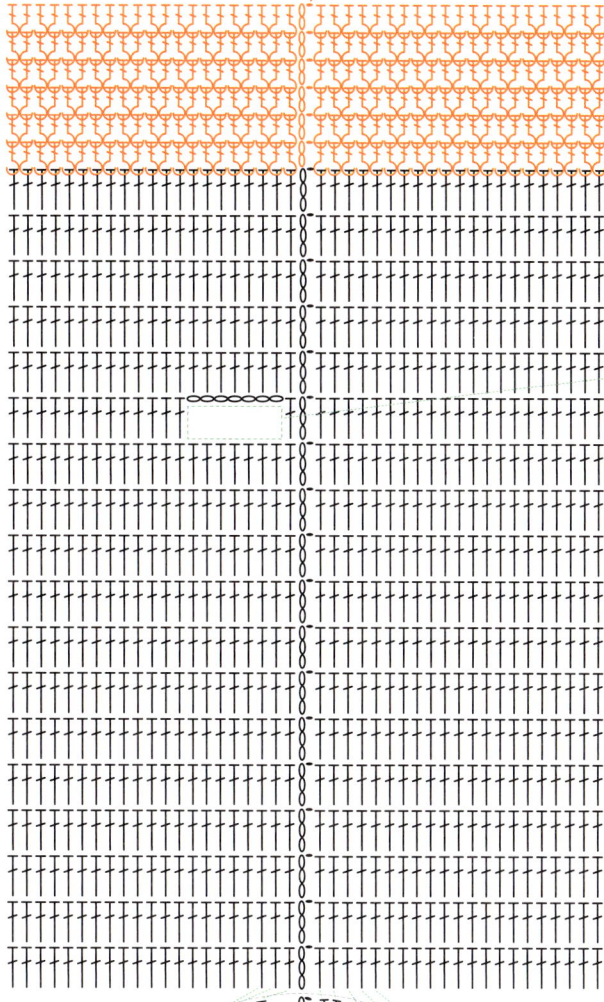

엄지손가락 연결 부분

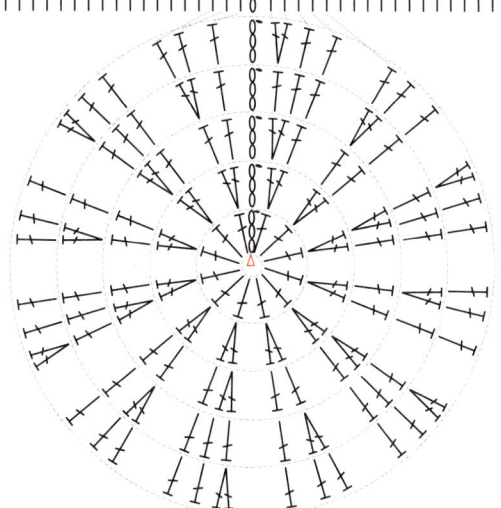

1단 : 12코 = 한길긴뜨기 12개

2단 : 24코 = 한 코에 한길긴뜨기 2개 × 12번 반복

3단 : 30코 = (한길긴뜨기 3개 + 한 코에 한길긴뜨기 2개) × 6번 반복

4단 : 36코 = (한길긴뜨기 4개 + 한 코에 한길긴뜨기 2개) × 6번 반복

5단 : 42코 = (한길긴뜨기 5개 + 한 코에 한길긴뜨기 2개) × 6번 반복

6단 : 42코 = 한길긴뜨기 42개

7단 : 42코 = 한길긴뜨기 42개

8단 : 42코 = 한길긴뜨기 42개

9단 : 42코 = 한길긴뜨기 42개

10단 : 42코 = 한길긴뜨기 42개

11단 : 42코 = 한길긴뜨기 42개

12단 : 42코 = 한길긴뜨기 42개

13단 : 42코 = 한길긴뜨기 42개

14단 : 42코 = 한길긴뜨기 42개

15단 : 42코 = 한길긴뜨기 42개

16단 : 42코 = 한길긴뜨기 42개

17단 : 42코 = 한길긴뜨기 42개

18단 : 42코 = 한길긴뜨기 1개 + 사슬뜨기 7개 + 한길긴뜨기 34개

19단 : 42코 = 한길긴뜨기 42개

20단 : 42코 = 한길긴뜨기 42개

21단 : 42코 = 한길긴뜨기 42개

22단 : 42코 = 한길긴뜨기 42개

23단 : 42코 = 한길긴뜨기 42개

24단 : 42코 = (앞걸어뜨기 1개 + 뒤걸어뜨기 1개) × 21번 반복

25단 : 42코 = (한길긴뜨기 앞걸어뜨기 + 뒤걸어뜨기) × 21번 반복

26단 : 42코 = (한길긴뜨기 앞걸어뜨기 + 뒤걸어뜨기) × 21번 반복

27단 : 42코 = (한길긴뜨기 앞걸어뜨기 + 뒤걸어뜨기) × 21번 반복

28단 : 42코 = (한길긴뜨기 앞걸어뜨기 + 뒤걸어뜨기) × 21번 반복

29단 : 42코 = (앞걸어뜨기 1개 + 뒤걸어뜨기 1개) × 21번 반복

부엉이 벙어리장갑(엄지손가락)

코바늘 호수 : 5호

장갑 본체와 엄지손가락이 완성되면 뒤집어 안쪽 면이 바깥쪽으로
보이게 한 다음 짧은뜨기로 떠줍니다(돗바늘을 사용해도 무관합니다).

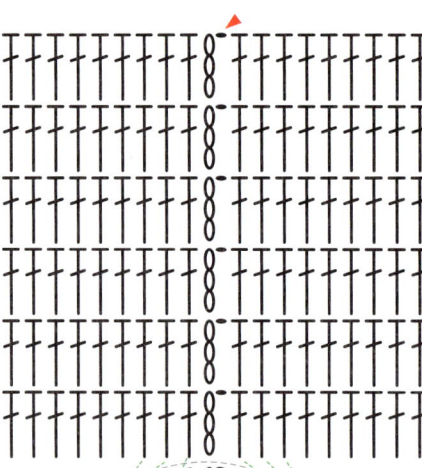

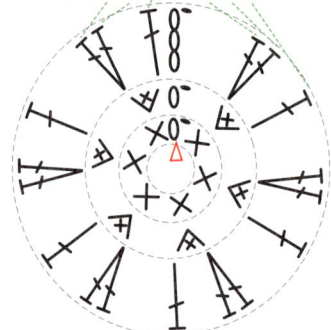

1단 : 6코 = 짧은뜨기 6개
2단 : 12코 = (한 코에 짧은뜨기 2개) × 6번 반복
3단 : 18코 = (한길긴뜨기 1개 + 한 코에 한길긴뜨기 2개) × 6번 반복
4단 : 18코 = 한길긴뜨기 18개
~
9단 : 18코 = 한길긴뜨기 18개

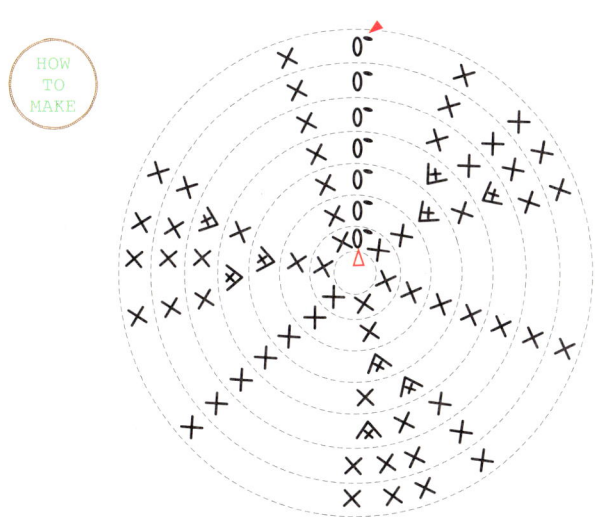

부엉이 벙어리장갑(뿔) 2개

코바늘 호수 : 5호

• 뿔이 완성되면 그림과 같이 솔방울을 만들어 뿔의 1단 중앙에 부착합니다.
• 장갑의 3번째 단에 돗바늘로 뿔을 달아줍니다.

HOW TO MAKE

1단 : 6코	= 짧은뜨기 6개
2단 : 6코	= 짧은뜨기 6개
3단 : 9코	= (짧은뜨기 1개 + 한 코에 짧은뜨기 2개) × 3번 반복
4단 : 12코	= (짧은뜨기 2개 + 한 코에 짧은뜨기 2개) × 3번 반복
5단 : 15코	= (짧은뜨기 3개 + 한 코에 짧은뜨기 2개) × 3번 반복
6단 : 15코	= 짧은뜨기 15개
7단 : 15코	= 짧은뜨기 15개

부엉이 벙어리장갑(코)

코바늘 호수 : 5호

장갑에 부착된 눈 사이에 돗바늘로 코를 부착합니다.

1단 = 사슬뜨기 7개
2단 = 한길긴뜨기 모아뜨기 1개 + 한길긴뜨기 3개 + 한길긴뜨기 모아뜨기 1개
3단 = 한길긴뜨기 모아뜨기 1개 + 한길긴뜨기 1개 + 한길긴뜨기 모아뜨기 1개
4단 = 한길긴뜨기 3코 모아뜨기 1개

부엉이 벙어리장갑(눈) 2개

코바늘 호수 : 5호

장갑의 4단과 9단 사이에 돗바늘로 눈을 부착합니다.

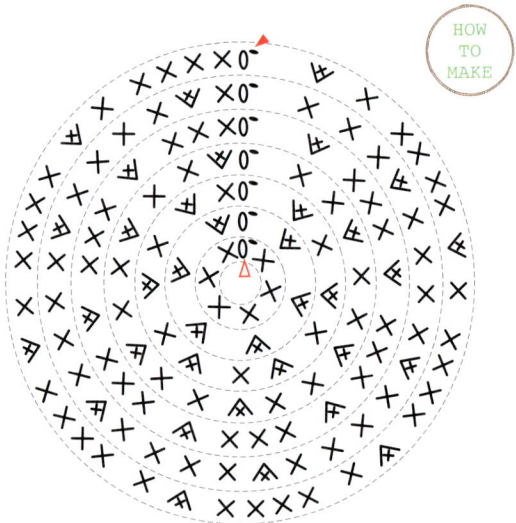

1단 : 6코 = 짧은뜨기 6개
2단 : 12코 = (한 코에 짧은뜨기 2개) × 6번 반복
3단 : 18코 = (짧은뜨기 1개 + 한 코에 짧은뜨기 2개) × 6번 반복
4단 : 24코 = (짧은뜨기 2개 + 한 코에 짧은뜨기 2개) × 6번 반복
5단 : 30코 = (짧은뜨기 3개 + 한 코에 짧은뜨기 2개) × 6번 반복
6단 : 36코 = (짧은뜨기 4개 + 한 코에 짧은뜨기 2개) × 6번 반복
7단 : 42코 = (짧은뜨기 5개 + 한 코에 짧은뜨기 2개) × 6번 반복

부엉이 벙어리 장갑 (뿔 솔방울)

HOW TO MAKE

솔방울 만드는 법

1. 일정한 두께의 막대와 실 15cm를 나란히 놓습니다.
2. 솔방울로 만들고자 하는 실을 막대와 15cm 실에 50~60회 정도 감아줍니다.
3. 실감기가 끝나면 15cm 실로 감아준 실을 단단히 묶어줍니다
4. 막대를 빼고 실의 중간을 가위로 잘라줍니다.
5. 가위로 실끝을 다듬으며, 동그랗고 예쁜 솔방울 모양을 만들어 줍니다.

까막의 감성 인테리어 손뜨개

초판 1쇄 발행 2014년 2월 10일
초판 4쇄 발행 2019년 2월 15일

지은이 오태윤
펴낸이 이지은
펴낸곳 팜파스
기획·진행 이진아
편집 정은아
일러스트 정은영
디자인 ALL design group
마케팅 정우룡
인쇄 (주)미광원색사

출판등록 2002년 12월 30일 제10-2536호
주소 서울시 마포구 어울마당로5길 18 팜파스빌딩 2층
대표전화 02-335-3681 **팩스** 02-335-3743
홈페이지 www.pampasbook.com | blog.naver.com/pampasbook
이메일 pampas@pampasbook.com

값 15,800원
ISBN 978-89-98537-39-5 13590

「이 도서의 국립중앙도서관 출판시도서목록(CIP)은 서지정보유통지원시스템 홈페이지
(http://seoji.nl.go.kr)와 국가자료공동목록시스템(http://www.nl.go.kr/kolisnet)에서
이용하실 수 있습니다.(CIP제어번호: CIP2014001198)」